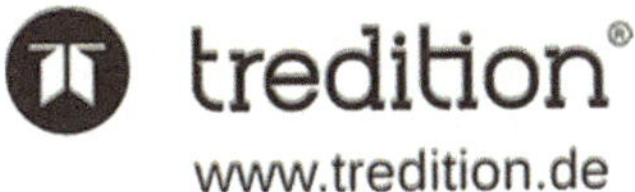

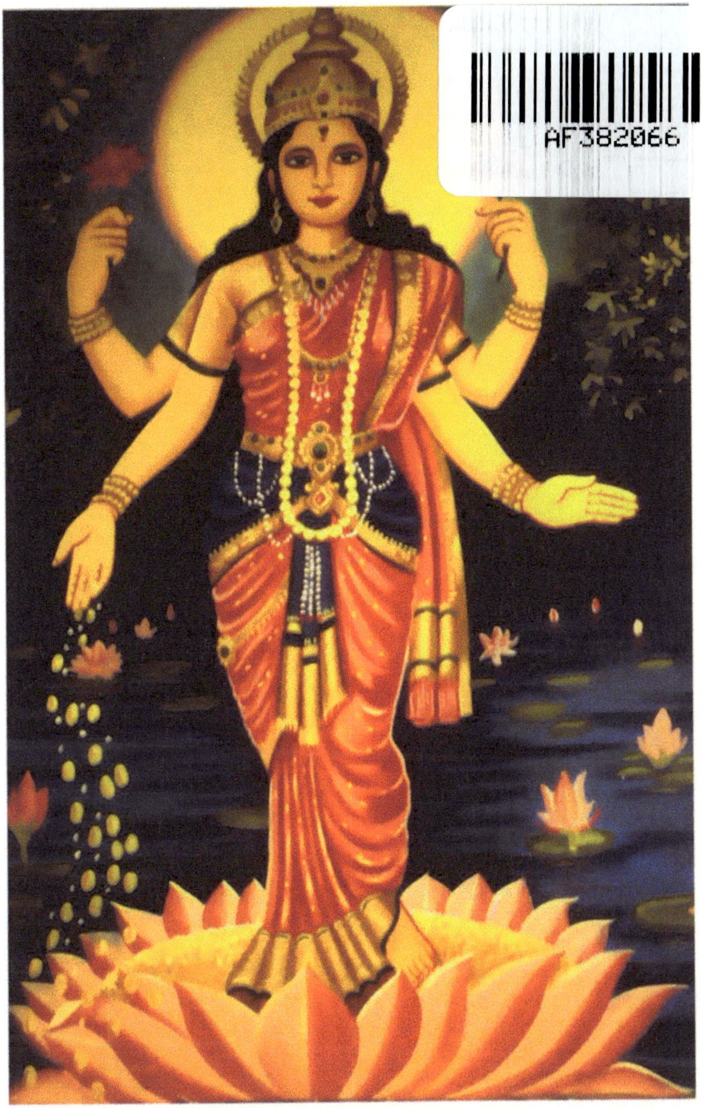

„Om mani padme hum"

„Ein Mann, der stets nach Höh'rem strebt
und nicht nur für den kurzen Vorteil lebt
ist Vorbild, Leitbild für so manchen
die ihre Zeit vergeuden und verramschen."

Udo Fischer

Udo Fischer

Die verordneten Götter

Expedition zum heiligen Berg Kailash

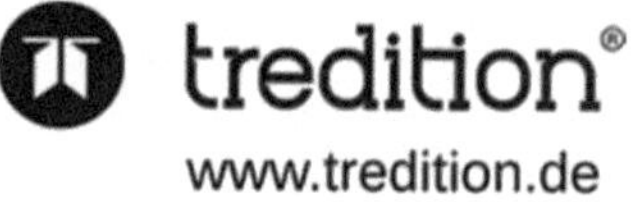

© 2015 Udo Fischer
Umschlaggestaltung: Corinna Podlech, Hamburg
Bildrechte Cover: © baldas1950 Fotolia
Bildrechte Fotos und Illustrationen Innenteil:
© vekha – Fotolia, © V.R.Murralinath - Fotolia, © netsuthep – Fotolia, © lihana – Fotolia
© Udo Fischer (Privatarchiv)
Lektorat: Corinna Podlech, Hamburg

Verlag: tredition GmbH, Hamburg

ISBN
Paperback   978-3-7323-4563-2
Hardcover   978-3-7323-4564-9
e-Book   978-3-7323-4565-6

Printed in Germany

Bibliografische Information der Deutschen Nationalbibliothek: Die Deutsche Nationalbibliothek verzeichnet diese Publikation in der Deutschen Nationalbibliografie; detaillierte bibliografische Daten sind im Internet über http://dnb.d-nb.de abrufbar.

Inhaltsverzeichnis

Die große Illusion

Fragen gibt es viele, Antworten nur wenige

Die Illusion vom Anfang

Am Anfang ist kein Anfang noch Ende
alle Wege führen ins Nichts,
Jetzt ist von Gestern kein Erbe
und Morgen nimmt Jetzt nicht in Pflicht.

Der Anfang könnte am Ende
ein Ende von einem Anfang sein,
es schließt der Anfang das Ende
so könnt es doch auch gewesen sein.

Am Anfang könnte auch gar nichts
so gar nichts vorhanden sein,
am Anfang war ich am Ende
mit meinen Gedanken allein.

Am Anfang war die Ewigkeit
mir stockt der Atem, geht das zu weit?
Ist jeder Anfang nicht Schein
wenn es kein Werden gibt, nur Sein?

Ist es Ewigkeit
was uns auf Erden so scheint,
ist nur ein Abbild von Vergangenheit
am Anfang war die Zeit.

Befreit schöpfe ich Atem
das muss es doch sein,
ohne Zeit ist kein Dasein
oder prägt Dasein die Zeit?

Nein …, Zeit ist es nicht
was am Anfang einst stand,
Zeit ist nur etwas
was Bewegung verband.

Am Anfang war Apsu und Tiamat
die Spiegelwelt der Ganzheit,
der Atem des Einen
fügt Chaos und Weisheit.

Das sagen die Alten
verborgen bleibt mir der Sinn,
ein Körnchen von Wahrheit
ist sicher darin.

Ein Gral vielleicht
vor Zeiten erdacht,
lenkt unsere Sinne
zur alles umfassender Pracht.

Nein, einfacher noch
nicht meinbar sollte es sein,
das teil ich mit Beethoven
dem seine Sonaten bis zur Apassionata
zu reichlich erscheint.

Die Suche nach dem Anfang
sie bringt uns nichts ein,
sie führt in die Irre
und lässt uns allein.

Das Heute hat keine Bestimmung
weil es ein Morgen nicht gibt,
an Gestern ist keine Erinn'rung
weil Morgen auch Gestern schon ist.

Zukunft kann niemanden leiten
Vergangenes hat kein Gesicht,
beides hat unendlich viel Seiten
und Lösungen sind nicht in Sicht.

Kausale sind nur ein Märchen
unsere Sinne, sie leiten uns nicht,
in allen Ebenen krumm wie ein Härchen
scheuen sie Irrationale auch nicht.

Ereignisse sind nicht zu fassen
Zeit ist ein garstiges Tier,
von meiner Zeit kann ich nicht lassen
denn meine Zeit ist in mir.

Mit Zeit lieg ich schrecklich im Argen
könnt ich sie anhalten, blieb was von mir?
Macht ich sie schneller und rasend
könnt ich uralt werden mit ihr.

Kommen Gedanken zu Ende
bewegen sich schnell wie das Licht,
nicht sichtbare Schranken weisen auf Wände
doch sehen wirst du sie nicht.

Hier - ist keine Bestimmung
und dort keine Angabe für sich,
wo - nimmt dir die Besinnung
und führt dich hinter das Licht.

Räume sind ohne Grenzen
geformt von Allem was ist,
doch kann ich nicht alle Formen mir denken
und ohne Ereignisse sind sie ein Nichts.

Ist alles unendlich in einem
oder alles sehr nahe bei mir,
spiegeln nicht Bilder die Weiten
und Räume verbiegen sie hier.

Sehen kann ich von Allem nur wenig
die wirkenden Kräfte versteh` ich noch nicht,
verschwindet am Ende alles auf ewig
oder verglüht es in gleißendem Licht.

Nichts ist für immer von Dauer
und nichts bleibt von gleicher Gestalt,
Veränderung liegt stets auf der Lauer
und neu ist morgen schon alt.

Symmetrisch führt alles zusammen
doch bleiben kann es so nicht,
fluktisches Wirrwarr stiftet den Samen
dass alles erneut auseinander bricht.

Ich habe nur meine fünf Sinne
einem Käfig gleich sperr'n sie mich ein,
ich bräuchte noch vielmehr Antennen
um auf der Höhe der Schöpfung zu sein.

Ich frage nach allem was Sinn macht
doch einen Sinn sehe ich nicht,
wozu diese riesigen Räume
zu groß für das rasende Licht.

Wozu diese riesigen Zeiten
leer an Gedanken, an fruchtbarem Sein,
sind wir so unbedeutend
Spiel des Zufalls zu sein.

Am Ende ist alles nur Täuschung
nichts ist, wie wir es so seh'n,
vergebens ist alle Mühe
nur wenig werden wir von allem versteh'n.

Den Geist, der in uns wohnet
den hat uns die gütige Erde geschenkt,
doch sind die Gedanken nicht so verwoben
weil unser Sinn auf die kleine Erde beschränkt.

Nur mühsam können wir uns erheben
und den Blick von der Erde gewandt,
welch Wunderwelten konnten wir hier erleben
als wir den Geist in den Weltraum gesandt.

Alles dort ist auf ewig verborgen
nur kleinste Wahrheiten kommen ans Licht,
es ist so unendlich ineinander verwoben
dass auch der größte Genius nicht sticht.

Das Nichts ist die Triebkraft der Dinge
das Etwas ist Störung der ewigen Ruh,
nur kurz zeigen sich Bilder und Ringe
dann gibt Dunkelheit Schwärze hinzu.

Das Nichts gebiert dann gewaltige Kräfte
unbeschreiblich der Zustand des Seins,
in allen Räumen brodeln wie Säfte
das Etwas und formet den Keim.

Harmonie kann nur kurz hier verweilen
und kurz ist kein Wesen für sich,
flüchtig verwehen wie Schleier
die Bilder in gleißendem Licht.

Es schwinget im Raum und durcheilet die Nacht
die Wellen aus unzähligen Räumen,
doch das Licht, das ich schaue am heutigen Tag
zeigt mir Vergang'nes aus meinen Träumen.

Orpheus brachte das Feuer hernieder
mit ihm stieg der Mensch in das Licht,
doch Schwere senkt sich auf seine Lider
viel Wahrheiten sieht er noch nicht.

Nach allen Himmeln verschwindet's
riesenhaft klein aus dem Blick,
bleibt dann am Ende für uns nur die Mitte
aus dem es kein Entrinnen mehr gibt?

So greif ich zu List und zur Tücke
und ruf den Pascalschen Dämon herbei,
mit Trillionen von Augen schaut er in jede Lücke
aber schaut er die Wahrheit herbei?

Was wird er mir sagen
wie schwer wird der Kalkül für mich sein,
kann ich die Last auch ertragen
die Lust am edelsten Wein.

So könnt' es doch sein in irdischen Tagen
dass das Kleinste ich schau und begreife,
wie es wechselt, sich wandelt
- und ich hätt' keine Fragen.

So würd' er mir vielleicht zeigen
ein Gespinst aus sehr feinen Fäden,
das alles umspannt, Keim aller Keime
so klein, dass das Kleinste ich riesenhaft sähe.

Nimm mich mit dir, mein Dämon
zieh mich aus meiner beschränkten Welt,
führe mich in die verborgenen Räume
die letztgültige Wahrheit enthält.

Erleuchte mein Auge und mache mich frei
doch behutsam führe mich weiter,
ach, ich fühle, das Ende wird sein
zu steil ist diese Erkenntnis - Leiter.

All sehender Dämon, zeig deine Spur
eil nicht so schnell vor mir her,
wie ... schon bist du im siebenten Flur
und ich dachte, ab vier wäre alles noch leer.

„Siehst du den Tunnel dort hinten in Sechs
und nimm dir die richtige Kraft
mehr ist nicht nötig, es ist nicht verhext
ein Leichtes, der das nicht schafft.”

Ich seh' weder Tunnel, noch find ich die Kraft
zu tauchen in deine verschlungenen Welten,
selbst in die Vier habe ich's noch niemals geschafft
ein anderes Sein wird für mich gelten.

„Die eingerollten Welten, siehst du“
hör ich ihn spotten, „tauch einfach hindurch,
erschrick nicht über andere Zeiten
und verweile nicht in ängstlicher Furcht.“

Zeitschleifen sollen dich nicht stören
Verzerrungen nimm einfach hin,
doch lass dich nicht vom Horizont betören
der dich in den Abgrund schiebt.

In der Fünf wird die Hauptmelodie erklingen
die Obertöne hörst du erst in der Sechs,
dann wird es dir gelingen
die Botschaft heraus zu lesen aus dem uralten Text.

Geheimnisvolles Wispern von den Anfängen der Zeit
geben dir Kunde von der Leuchtschrift des Anfangs,
geflüsterte Botschaften kosmischen Ausmaßes
codieren die Bauanleitung der Evolution im Versmaß.

Am Ende wird alles schwingen
unvorstellbar dünne Fäden in Multi-Räumen
formen sich in feurigen Ringen
die rücklaufende Zeit sollte ich nicht versäumen.

„So nimm den Stab", hör ich ihn sagen
„und ziehe das Kleinste da hervor,
mische neu, mit anderen Farben
trau dich, sei doch kein Tor".

Den Stab konnt' ich nicht halten
die Winzlinge fand ich auch nicht,
in diesen Welten kann ich nicht walten
weder mit Lupen noch hellstem Licht.

Ständig narrt mich der ewige Wandel
das Kleinste hat keine Gestalt,
Ursache gebiert wohl die Wirkung
doch Wirkung auch die Ursache erfand.

„Du darfst nicht trennen", hör ich ihn mahnen
„das Ganze nur gibt dir den Sinn,
ein Teil lässt dich nur ahnen
was der andere Teil von dir will".

Zwei Seiten könnt' ich wohl sehen
wie eine Medaille sie hat,
ich kann sie leicht drehen
und weiß, was die hintere Seite dann macht.

„Auch ich komme an Grenzen"
der Dämon kleinlaut zu mir spricht,
„mein Sehstrahl schon stört die Harmonie des Kleinen
sodass es seinen Ursprung für immer vergisst".

Wandlung, alles ist Wandlung
hat Thales uns einst schon gelehrt,
die Philosophen aus Alten Zeiten
ich habe sie immer verehrt.

Charakterköpfe, in Marmor gehauen
schauen uns Heutige an,
ihre klugen Gedanken
brachten die Menschheit auf ihrem Wege voran.

Sie ahnten schon vor tausenden Jahren
was wir erst mit Kalkül in Zahlen bestellt,
mit Goethes Worten gesprochen
was die Welt im Innersten zusammen hält.

Dichterfürst Goethe
war so manchem Geheimnisse auf der Spur,
doch seine Werkzeuge waren zu grob
er musste irren auf weiter Flur.

Werde das Kleinste ich schon nicht erschauen
das Große sollte ich wohl versteh'n,
noch einmal will ich auf die Stärke des Dämon bauen
und in die Tiefen der unendlichen Räume seh'n.

Ich will nicht hören auf seine Warnung
meine Welt wäre die Erde, nur hier,
nichts gäbe der Hoffnung Nahrung
zwecklos mein Tun, meine Gier.

Meinen Sehstrahl könnt' er wohl lenken
hinaus in nie geahnte Gefilde,
sein Wissen muss er mir schenken
das ist mein unumstößlicher Wille.

„Aber", gab ich zu bedenken
„meine Zeit ist zu kurz dafür,
die Unendlichkeit zu durchstreifen
ich komme doch grad vor die Tür".

„Die Beschränkungen irdischer Denker
ich setze sie außer Vollzug,
Zeit und Raum zu verschränken
erfordert nicht allzu viel Mut."

Noch einmal hör ich ihn mahnen
„nur wer das Kleinste wird sehen,
kann das Große und Ganze
in seinem Wesen verstehen".

Ich will nicht auf ihn hören
meine Geduld ist dahin,
Ermahnungen wirken nur störend
einen Sinn sehe ich nicht darin.

So führt er mich in die unendlichen Weiten
die noch kein Sterblicher vorher konnt' seh'n,
willig ließ ich mich leiten
und sah, wie Welten kommen und gehen.

Es ist alles noch so viel größer
als ich jemals gedacht,
höher und immer noch geht's höher
und niemals wird es hier Nacht.

Er zeigt mir die wirkenden Kräfte
die alles gestalten,
ich seh aber nur,
wie sie nur alles verwalten.

Wie das Ziehen und Zerren einst ausgeht
wusste er nicht,
ob alles zum Punkt wird
oder verschwindet im Nichts.

Ich kann nicht entscheiden
ist mein Sehstrahl so schnell,
oder rast der Raum um mich her
und deshalb ist es so hell.

Am Ende denk ich
er führt mich im Kreise,
weiß am Ende selber nicht weiter
und verschwindet dann leise.

„Sag endlich die Wahrheit",
herrsche ich ihn an,
„du magst dem Menschen zwar überlegen,
doch Grenzen sind auch dir hier gegeben".

Erneut nahm er mich mit in and're Gefilde
auf dem Wege dorthin färbte sich alles rot,
es zerreißt mich in tausend Stücke
ich bin schon an der Schwelle zum Tod.

Sollt ich am Ende hier sterben
weil meine Neugier zu groß,
des Menschen Ziel hier auf Erden
nicht das Erben, sterben, ist hier sein Los.

Das sollte mich jetzt noch nicht treffen
bin ich doch schon nah an meinem Ziel,
„zeig mir mein Dämon, die bewegende Kraft
die alles in Gang hält, alles hier schafft".

„Um diese Kraft ist ein großes Geheimnis"
der Dämon verlegen und ratlos sich gibt,
„auf meinem Wege in alle Räume
diese Frage bisher unbeantwortet blieb".

„Niemand weiß, wo sie ist, ob es sie gibt
eine Ewigkeit schon schau ich überall hin,
eine weitere Ewigkeit werde ich brauchen
ich glaube bald, es hat keinen Sinn."

„Auch die größten aller Dämonen
haben diese Kraft noch niemals geseh'n,
es sind auch zu viele Welten
die wir noch gar nicht versteh'n."

Wie könnte sie aussehen, diese schaffende Kraft
mit gewaltigen Muskeln, mit grauem wallenden Bart
wie Leonardo sie in der Sixtina
einst sah und in Szene gebracht?

„Nein", hör ich ihn sagen
„der menschliche Maßstab hat keinen Sinn,
nur Giga und Terra und darüber hinaus
führen vielleicht zu diesen Gefilden hin".

„Unsre Welt ist nicht die deine
beschränkt erst recht deine Sicht,
ich könnte sie drehen und wenden
und dir zeigen das hellste Licht.“

„Wo bin ich, was machst du
ich halt das nicht aus,
setze mich wieder auf meine schöne Erde
ich will wieder nach Haus“.

Und das, was ich nicht sehe
doch weiß, dass es ist,
eines Tages werden wir sehen
dass des Menschen Geist alles vermisst.

Der Dämon kann mir nicht helfen
einfache Antworten gibt es auch nicht,
ich muss mich bescheiden in meinem Wissen
mich begnügen mit meiner beengten Sicht.

Als aus Billiarden Grad heißem Feuer
die Materie sich formte und ihre Vielfalt entstand,
da wich das Dunkel dem Sehen und Leuchten
obwohl sich ein Sehender nirgends befand.

Ein Schauspiel entstand ohnegleichen
auf einer Bühne ohne beschreibbare Grenzen,
das Nichts musste einem Raume weichen
in dem die Akteure sich drehen und glänzen.

Gibt es ein Drehbuch für dieses gewaltige Drama
wo das Für und das Wider mit feinem Kalküle gezogen,
oder fließt alles wie glühende Lava
chaotisch geformt und keinem Gesetze befohlen?

Wo liegt der Sinn und der Zweck dieser leeren Räume
die unfassbar sich weiten und einst verschwinden im Nichts,
dann sind die Sterne verbrannt und treiben wie leblose Träume
und alles wird finster, erloschen das strahlende Licht.

Ich sehe die riesigen Zeiten, die bisher schon verstrichen
doch Zuschauer sehe ich nicht,
folglich muss alles sich so entwickeln
was Zufall geformt ohne ordnende Pflicht.

Doch was ist denn Zeit, wie ich sie begreife
ein Teil von mir selbst, auf die kleine Erde bezogen,
wirkliche Zeit, der Maßstab der mich befreite
bleibt mir wohl immer verborgen.

Oder ist Zeit nur begrenzt, wie alles begrenzt ist
ist Zeit auch, wenn sich nichts dreht,
wie kann ich Zeit messen, wenn Nichts ist
und kann Nichts sich denn dreh'n?

Von Ewigkeit zu Ewigkeit, sagt die Legende
walten Weltenschöpfer in unerklärlichem Sein,
für die herrlichen Dinge nur das Nichts ward verwendet
doch schließt das Nichts die Ewigkeit ein?

Und was ist denn Raum, wie ich ihn erlebe
ein Gebilde in dem Etwas sich dreht?
sind nicht Überräume, die ich nicht sehe
die Antwort auf alles, was mich bewegt.

Das ewige Nichts ist am Ende nicht wirklich das Ende
alles was fern war, strömt wieder zu Hauf,
Vergang'nes zerrinnt für immer in Feuerwände
und Zukunft steigt neu aus dem Chaos herauf.

Ewige Wiederkehr ist das Drehbuch
den Verfasser kennen wir nicht,
er hält sich schon lange verborgen
fürchtet wohl unsre Kritik?

Viele sehen in allem höchste Vollendung
und loben unsre geschmälerte Sicht,
die ganze Wahrheit wäre das Ende
der Menschengeist vertrüge das nicht.

Der Dämon kann mir nicht helfen
und folgen kann ich ihm nicht,
es sind noch zu viele Wände
die mir versperren die wahre Sicht.

Ich muss mich bescheiden
nur mühsam kommt die Wahrheit ans Licht,
„denn Leben heißt Leiden"
der Erleuchtete zu uns spricht.

Und ich leide für immer
an meinem frühen Erscheinen hier auf Erden,
könnt ich doch in tausend Jahren sehen
was aus uns Menschen konnt' werden.

Aber, kommt mir sofort in den Sinn
was sind Tausende von weiteren Jahren,
wenn ich nicht weiß
was ich danach hätte noch alles erfahren.

Den Stein der Weisen wird' ich nicht finden
der Gral bleibt verschlossen für mich,
mir bleiben nur meine Träume
sie bleiben meine einzige Sicht.

Schon Ikarus, Daidalus Sohn
brachte Tod und Verderben sein Übermut,
die Sonne zu fangen
er verbrannte in der himmlischen Glut.

Der mystische Mensch

Nach Milliarden von irdischen Jahren
als der Zufall uns reichte die Hand,
und die eigene Sonne uns wärmte
und die Erde das Leben erfand.

Mit unendlichen Mühen und Irrtum gepaart
formt sich aus toter Materie das Leben,
aus einfachen Bausteinen in Vielfalt verzahnt
tritt uns das höhere Leben entgegen.

Des Rätsels erhabenste Lösung
wird auch heut noch durch Schleier verdeckt,
Der Anfang, der Keim, wurde er hier geboren
oder ist er in des Universums Weiten versteckt?

Nicht zufällig sind wir, dass wissen wir heute
die Nachbarn beschützen uns, halten uns fest,
ein feines Gespinst umhüllt uns wie eine Beute
gibt Lebensraum wie ein sicheres Nest.

Die Gewalt der kosmischen Kräfte
brachten das Gleichgewicht oft noch zu Fall
doch das Lebendige zeigt seine Stärke
dass es wandelbar und sich anpassen kann.

Der Mensch trat grade erst in die Geschichte
nach seinem Denken aber schon Millionen von Jahr,
aber erst heute kann er berichten
wie es in grauer Vorzeit einst war.

Die Wahrheit blieb lang ihm verschlossen
und auch heute weiß er nicht viel,
außer Legenden blieb vieles noch offen
und auch das Wann, Warum und das Wie.

Das Unwissen war schwer zu ertragen
sein Dasein nur kurz und auch leer,
er begann nach dem Sinn dieses Lebens zu fragen
doch Antworten fallen sehr schwer.

Sein Leben glich einst dem der Tiere
und das Meiste seines Daseins erkannte er nicht
er lebte sehr oft in Angst und Schrecken
und Beistand fehlte aus seiner Sicht.

Auch später, als manches entdeckt war
blieben noch Fragen und Antwort zurück,
doch alle Antworten führten zu neuen Fragen
die Mühen brachten nur flüchtiges Glück.

Warum sind wir hier, was sollen wir machen
wonach lohnt es zu streben in diesem Leben,
warum soll ich gut sein und nicht andere verlachen
und warum sollt' ich den Armen was geben.

Eine höh're Instanz, auch göttlich genannt
soll Ursache sein und Wirkung zugleich,
doch Ziele und Absichten sind nicht bekannt
es ist alles von einem anderen Reich.

Was konnte den Zustand verändern
wer konnte der Urheber von allem wohl sein,
würde sich alles zum Besseren wenden
wenn wir stiften einen goldenen Schrein?

Oder sollten wir rufen und singen
nach den Machern von allem was ist,
vielleicht räuchern und im Tanze uns schwingen
bis man alles und sich selber vergisst.

Doch unsichtbar sind all diese Mächte
warum treten sie nicht in das Licht,
wollen sie nicht unsere Fragen
und auch antworten wollen sie nicht?

Es wird nicht getan sein mit einfachen Fragen
und einfache Antworten gibt es auch nicht,
mystisch verbrämt und vom Halbdunkel getragen
sehen nur Eingeweihte von Ferne ein Licht.

Wer weihte sie ein in dieses Mysterium
zu wissen, was andre nicht spüren,
sie sagen, dass Pein und unendliche Schmerzen
sie zu Klarheit und Einsicht verführen.

Aus grauer Vorzeit wird uns berichtet
das vor sehr langer Zeit
bedeutende Männer sich selbst verpflichtet
zu leben in kasteiender Einsamkeit.

Sie flohen die menschlichen Werke
zu verweilen in Stille und Nacht,
sie lenkten die Sinne von dieser Erde
zu lauschen der unendlichen Macht.

Sie senkten den Blick nach innen
und forschten ihr Innerstes aus,
dann schweifte ihr Blick in den Himmel
und es erfasste sie Schaudern und Graus.

Sie gingen dorthin
wo noch nie eines Menschen Fuß sich befand,
in tiefen Höhlen wurden sie blind
auf Bergen von Kälte und Sonne verbrannt.

So verbrachten sie Tage und Jahre
und stellten Fragen an das unendliche Sein,
schneeweiß wurden ihre Haare
doch Antwort stellt sich nicht ein.

Von einigen Männern wird überliefert
dass in der Wüste sie suchten ihr Heil,
ohne Wasser und Nahrung wollten sie tiefer
eindringen in das unerklärliche Sein.

Mit schwachen Gliedern, dem Tode sehr nahe
entsprang ihre Seele der irdenen Hülle,
in wirrem Geist und
dass der Höchste sie setzte ins Bilde.

Die Geschichte weiß auch zu berichten,
von Männern, die Rausch und Hallu nicht scheuten,
sie glaubten, dass weitere Sphären sich lichten
um Zeichen und Wunder zu deuten.

Viele rangen vergebens nach Wahrheit
und trübe wurde ihr Geist,
doch einige kamen in Teilen zur Klarheit
mit Gedanken weit über die Zeit.

Die Werke dieser bedeutenden Männer
sind nicht alle von ihnen erdacht,
sie seien nur Werkzeuge, willige Lämmer
weil höhere Mächte sie zur Stimme gemacht.

Wer kann schon entscheiden die schwierige Lage
wir wollen die Wahrheit, aber so vielleicht nicht
Eigennutz kam häufig hinten der Botschaft zu tage
und brachten uns Leiden und kein helleres Licht.

Die Wahrheit hat viele Gesichter
sie ist wechselvoll über den Raum und die Zeit
hat sie heute noch starke Verfechter
ist sie schon morgen Vergangenheit.

Die große Wahrheit kann es nicht geben
ich glaube, dass es auch besser so ist,
wir sollten mit den kleineren Wahrheiten leben
und jedem geben sein eigenes kleines Licht.

Doch wird es nicht sein auf dieser Erde
wie die Geschichte uns lehrt
der Mensch ist immer noch Teil einer Herde
und einer Vergangenheit, die es verwehrt.

Aber immer kommen noch neue Propheten
zu verkünden das all-gültige Heil,
sie finden auch immer welche, die dazu beten
verstehen die alten Götter doch meist nur Latein.

Das Mystische ist dem Mensch nun mal eigen
woher bin ich gekommen, wohin werde ich geh'n,
das Woher mache ich mir noch zu eigen
das Wohin werde ich nie versteh'n.

Mir helfen nicht Mystiker, Seher noch Weise
ihre Lehren sagen mir nichts,
im Grunde verkünden sie alle die gleiche Reise
und einige glauben an ein jüngstes Gericht.

Warum müssen die Götter denn streiten
der Name alleine kann es nicht sein,
die Vielfalt ist gut und sollte auch bleiben
Toleranz macht in Wahrheit erst frei.

Warum sind Götter so maßlos und grausam
dann wieder verheißen sie Friede und Licht,
sind das nicht wir, wir Menschen gleichsam
denen das Herz über uns selber zerbricht?

Philosophie und religiöse Verheißung
schützen gleichsam das eigene Ich,
doch trotz der damit verbundenen Leiden
hält dieser Teufelspakt nicht.

Den schwierigen Ausgleich gilt es zu meistern
das Yin und das Yang aus chinesischer Sicht,
Religionen können das schwerlich nur leisten
ihre Opfer überwiegen am Ende eines imaginären Gerichts.

Wo ist der rettende kühne Gedanke
der Genius, das all überragende Licht,
der Wegbereiter ohne mystische Ranken
der einen besseren Menschen verspricht.

Wie gut soll der Mensch denn werden
wer sagt uns, wie der Mensch dann beschaffen ist,
der Einzelne ohne Bindung auf Erden
ist für die Vielzahl kein erhellendes Licht.

Der größte Irrtum wird aber beschritten
werden Gedanken in ein festes Gebäude gepresst,
und dann von herrschsüchtigen Hütern der Wahrheit
verbindlich gemacht für den ganz großen Rest.

Mensch, lass dich nicht knechten
von der mystischen Institution,
und lass nicht mit dir feilschen und rechten
nur die Glaubensbeamten erhalten reichlichen Lohn.

Sie feilschen und rechten um das Hemd der Armen
schon immer nahmen das Letzte sie fort,
dafür versprechen sie künftig Erbarmen
an einem fernen mystischen Ort.

Das ganz große Heil versprechen sie denen
die ihr Leben opfern dem wahren und einzigen Gott,
damit die falschen Götter mit ihren Verehrern
vertilgt werden auf dem Schafott.

Selbst haften sie sehr an dieser Erde
ferne Glückseligkeit reicht da nicht aus,
Wohlleben schon, aber nicht durch eigene Hände
bestellen sie hier schon ein ordentlich Haus.

Narzisstisch verbrämt mit Selbstgewissheit gepaart
von Ichbewusstsein besessen,
führen sie skrupellos ihren Kreuzzug voran
das menschliche Leid am Wegrand vergessen.

Selbstgefällig inszenieren sie großes Spektakel
in krankhaft übersteigerter Form,
Bewunderung fordern sie von den Massen
je leichter sind sie zu pressen in ihre Norm.

Doch hüte man sich, sie zu belehren
und anders zu denken aus eigener Pflicht,
sie werden dich und dein Saatgut verheeren
dann erkennst du ihr wahres Gesicht

Schon immer hat die mystische Kaste
ihr Heil verknüpft mit der herrschenden Macht,
das Leid der Verfolgten nicht achtend
und sich zum Werkzeug des Bösen gemacht.

Warum gehen sie hin und verfolgen die Menschen
machen sie heimatlos im eigenen Land,
streuen Zwietracht und Hass mit den Händen
die doch Freude und Freundschaft verlangt.

Warum könnt ihr nicht achten
der anderen Leben und Heil,
würden die andren nach eurem Glauben trachten
was gäbe es für ein Geschrei.

Nicht streiten solltet ihr um eure Götter
und rechten, was wahr ist und falsch,
die Wahrheit hat Legionen von Pächtern
nur deine Wahrheit gibt allein dir den Halt.

Die mystische Manipulation

Der Mensch in seinen einsamen Stunden
ist von Zweifel und Furcht sehr geplagt,
schon immer glaubt er, ein Weltenschöpfer
gibt ihm Zeichen und gütigen Rat.

Am Anfang waren es viele Götter
die sich die Altvorderen ausgedacht,
sie regelten das Leben
bei Tag und auch bei Nacht.

Sie bauten gewaltige Tempel
aus Marmor und andrem Gestein,
auf dass sie die Götter des Himmels
verschonen von Unglück und Pein.

Sie zogen in schönen Gewändern
hinauf zu des Tempels Gestade,
zu preisen ihre wichtigsten Götter
und bringen ihnen Opfergaben.

Im Tempeldienst wuchs eine Kaste
nicht über Nacht,
die verkündete, was Götter dachten
und so Macht über die Menschen erlangten.

Die Vielzahl der Götter und Geister
hatten in den Herzen der Menschen lange Bestand,
sie spiegelte das Leben in einer Gesellschaft
behütet von der klerikalen Herrscherhand.

Doch ein Ende der vielen Götter
war nur eine Frage der Zeit,
sie konnten die Menschen nicht mehr bewegen
ihnen Hoffnung geben und weniger Leid.

Ein einziger Gott erteilte die neue Botschaft
durch Propheten im Wüstensand
so versanken die alten Götter
im Müll der Geschichte, im Niemandsland.

Und wieder wacht eine Kaste
mit eiserner Hand,
über die Botschaft, die der neue Gott brachte
und schickte Krieger, die die Aussicht auf Beute verband.

Das ist die Moral von der Geschichte
Götter und Macht streiten immer vereint,
damit sich das Dunkel nicht lichte
und die Sonne nur für wenige scheint.

Der Kampf um den wahren Gott

Die alten Völker in ihren frühen Tagen
hatten Götter in vieler Gestalt,
sie waren zudem auch recht menschlich
und neigten nur selten zu böser Gewalt.

Sie achteten andere Götter
und ließen sie walten,
und wahrten so den Frieden
der sonst nicht konnt' halten.

Toleranz war das geflügelte Wort
die Götter fochten nicht gegeneinander,
sie bauten Tempel am heiligen Ort
ein Pantheon gar, für all die andern.

Diese Gedanken konnten nicht halten
Propheten schürten den Krieg,
ihr Gott rief sie zu den Waffen
und sicherte ihnen den Sieg.

Die Israeliten, so steht's in der Bibel
bauten schon auf ihres Gottes Kraft,
sie mordeten auf Weisung des Jahwe
um zu besitzen ein eigenes Land.

Mit der Stärke im Krieg
konnte der Gott sich beweisen,
war es ein Sieg
war bestimmt die weitere Reise.

In der Schlacht an der Milvischen Brücke
Kaiser Konstantin ein Zeichen erschien,
ein Kreuz und „durch dieses siege"
Maxentius in den Fluten sein Leben verließ.

Zum Dank an den neuen Gott
Konstantin alle Heidengötter verbot,
die Tempel mussten schließen
ein neuer Kult ließ seine zarten Blätter sprießen.

Die Blätter waren immer noch zart
als in Arabiens Wüsten
ein neuer Gott ward geoffenbart
und Krieger ihre Heimat verließen.

Sie machten alles nieder im christlichen Land
mit Allah auf ihren Fahnen und Herzen,
der Wille zum Sieg sie verband
der neue Gott ließ nicht mit sich scherzen.

Der Christengott lang widerstand
mit letzter Kraft konnt' er den Untergang meiden,
bis heute dauert der Kampf fort
die Götter können sich eben nicht leiden.

Die christlichen Heere setzten zum Gegenschlag an
und befreiten ihres Gottes Heimstadt,
sie mordeten ohne Unterlass
ihren Gewinn nannten sie heiliges Land.

Lange konnten sie die Beute nicht halten
die Krieger Allahs schlugen das Kreuz entzwei,
auch die Schar armer Kinder
verreckte in dieser Glaubensnarretei.

Zuvor hatte Kaiser Karl aus dem Frankenland
die Heiden mit seinen Kriegern und Pfaffen verheert
als Sachsenschlächter im Namen des Herrn
wird er bis heute als der Große verehrt.

Als der äußere Feind ward vertrieben
der Christengott wurde geteilt,
die linke Seite focht für den Kaiser
die rechte wütete in Luthers Kleid.

Der Christengott machte wahrhaft fette Beute
die Hälfte der Menschen geschändet, ermordet,
das Land zerstört und verwüstet
von einer soldverpflichtenden Horde.

Der Stellvertreter in der Ewigen Stadt
getrieben vom Hass gegen Andersdenkende,
führte die Knechte der Inquisition in die Schlacht
zu quälen und foltern im Namen des Herrn.

Ähnliches geschah auch im Morgenlande
wo Söhne Allahs die Schwerter erhoben,
sie kämpften um den rechten Glauben
die Sunniten im Süden, die Schiiten im Norden.

Als Letzte fraß der Christengott
durch die spanische Catolica und deren Pfaffen
die Kinder Amerikas im Neuen Land
sie wollten von ihren alten Göttern nicht lassen.

Cortés vernichtet das Aztekenreich
Pizarro die Inka im Süden,
Atahualpa sagte nach der Schlacht
„heute war dein Gott stärker, aber Morgen wird Inti siegen.“

So spalten die Götter und ihre Vasallen
die Menschen bis in unsere Tage,
Schmerz und Leid kümmert sie wenig
Macht und Einfluss, das ist hier die Frage.

Nord und Süd gehen heute ineinander
doch vereinen werden sie sich nicht,
der Kampf tobt nun im Kleinen
und ein Ende ist bis heute nicht in Sicht.

So geht es weiter in der Weltgeschichte
unterdrücken, morden ohne Unterlass,
und niemand da, der dieses Unrecht richte
Moral ist spröder als zerbrochenes Glas.

Die Zukunft sieht nicht besser aus
das Reich der Seligen wird kleiner,
viele Menschen verlassen Hof und Haus
und stärken das Heer der Neider.

Am Ende frisst der Höllenhund,
wie einst Kronos seine Kinder,
verschlingt uns alle bis auf den Grund
und keiner sieht sie wieder.

Vielleicht verbleibt uns einer
hervorgegangen aus der Neuen Welt,
in Allem weit gespannt und reiner
der andere, ein Neuer Held.

Ausblick

Oma Lina, gesegnet mit Güte und Weisheit
sprach mit Wärme in ihrer eigenen Sprache,
„Junge, die Erde ist alt, Milliarden von Jahren
die Menschheit ist jung und unerfahren.

Gib ihr noch Zeit, dann wirst du sehen
entweder sie geht unter oder bleibt bestehen,
glaub an eine bessere Welt
eine, die uns allen gefällt.

Bis dahin musst du stark sein
geduldig, den eigenen Gedanken gib‘ Freiheit,
nimm meine Schürze und wisch dir über‘s Gesicht
damit dir nicht übel wird und nichts mehr anficht.“

„Oma, du guter Geist
Illusionen sind der Ausweg und du weißt,
man kommt nicht weit mit ihnen
sie beruhigen dein Gemüt und lenken den Blick von hinnen.“

„Aber“, gibt Oma Lina zu bedenken,
„ohne Illusionen sind wir verloren,
wir brauchen sie zum Leben
damit sie uns über die Sorgen des Alltags erheben“.

„Du sprichst ein wahres Wort
ein jeder Mensch braucht Halt im Leben,
ein jeder Mensch braucht einen sicheren Hort
wo er seine Illusionen kann weben.

Ja, Illusionen sind ein wahrer Quell
die das Menschsein sehr beglücken,
sie machen dunkle Tage wieder hell
und trübe Gedanken verlieren ihre Tücken“.

Am Ende verbleiben die vielen Fragen
unzufrieden bleibt der Mensch dann zurück,
bis Krankheit und Tod haben Erbarmen
und erlösen ihn von seiner Not.

Bibel-Geschichten im Zusammenhang mit anderen religiösen und kulturellen Strömungen

Theo Heiden wuchs auf wie alle Jungs in der kleinen Stadt am großen Strom. In Vieles wurde er hineingeboren, dadurch unterschied er sich nicht von anderen Mitschülern in seiner Klasse.

Er war evangelisch, wie ein Landesfürst in grauer Vorzeit es für richtig hielt und sicherlich auch zu seinem Vorteil münzte. Darüber dachte niemand nach, es war einfach so. Er ging zum Konfirmanden-Unterricht, weil es Noten gab und eine Prüfung vor der Konfirmation zu bestehen galt. Er war nicht sehr kritisch in allem, was ihn umgab. Nur die ganzen jüdischen Propheten mit ihren fremd klingenden Namen nervten ihn, weil er sie sich merken und zu gegebener Zeit auch aufsagen musste. Habakuk, Sephanja, Haggai - schrecklich und überflüssig, im späteren Leben sicherlich nicht zu gebrauchen, es sei denn, man wurde Priester. Das würde er nie, das nahm er sich fest vor.

Später auf dem Gymnasium lernte er im Biologie-Unterricht die Entwicklung der Arten kennen, die Evolution nach Darwin. Ihm wurde klar, welche riesigen Zeiten der Artenentwicklung zur Verfügung standen. Zeiten, die nicht mehr vorstellbar und nur noch in der Paläontologie vermittelbar waren. Da nahmen sich die paar tausend Jahre der Bibel-Geschichte, die überschaubare Zeit der menschlichen Erinnerung, gerade einmal winzig klein aus. Er erkannte, dass die Bibel-Geschichten der Autoren, das Alte Testament, aus einer Mischung von Legenden und historischen Ereignissen bestand.

Aber richtig interessierte ihn die Religion nicht. Die Götter waren verordnet, er würde ggf. selbst entscheiden, welche Weltsicht er zu der seinen machen würde. Am Ende der Schulzeit verließ er gemeinsam mit seinem Freund Manfred die ererbte Amtskirche und damit auch den verordneten Gott. Ob er ohne auskommen würde, das überließ er späteren Überlegungen.

Schon damals war er der Meinung, dass Erben einer Religion im Kindesalter wäre Nötigung und stünde den Eltern nicht zu. Die Entscheidung dazu müssten diese selbst treffen dürfen, wenn sie dazu die nötige Reife hätten.

Die geschilderten historischen Ereignisse in der Bibel, die auch der Erinnerung benachbarter Völker, z. B. der ägyptischen, wenn auch in veränderter Form, vorlagen, nahmen durchaus auch weiter sein Interesse in Anspruch.

Die Beschäftigung mit der Geschichte der Menschheit ließ ihn sein Leben lang nicht los, ihr widmete er auch später einen großen Teil seiner Freizeit.

Neuere Forschungen im Zusammenhang mit der Entzifferung sumerischer Keilschrift-Texte, insbesondere dem Gilgamesch-Epos, legen nahe, dass die in der Diaspora lebenden jüdischen Priester diese Texte kannten. Sollten diese die Texte nicht gelesen haben oder nicht lesen konnten, so haben sie sicher die mündliche Überlieferung gekannt.

In diesen Texten wird auch von einer großen Flut berichtet, die aber nachweislich ein „Jahrhundert-Hochwasser" des Euphrat beschreibt. Entweder die jüdischen Priester haben diese Überlieferungen falsch verstanden und so ungenau berichtet oder sie haben diese Erzählungen bewusst für ihre Zwecke umgearbeitet bzw. verfälscht.

Eine der dreistesten Fälschungen hat die katholische Kirche mit der Konstantinischen Schenkung verübt. Nach dem Motto: *Üb immer Treu und Redlichkeit,* im Namen des Herrn. Es wurde gefälscht, was das Zeug hergab.

Im Prinzip wurde alles gefälscht, was dem Machterhalt des Klerus diente, da war man nicht zimperlich.

Um die Gläubigen in die richtigen Bahnen zu lenken, wurden insbesondere sogenannte Reliquien gefälscht. Diese wurden gebraucht, um besondere Kirchen damit auszustatten. Das brachte zusätzliche Einnahmen, weil sie dann verstärkt Pilger anziehen. Da im Laufe der Zeit Reliquien kaum noch zu beschaffen waren, entstanden verstärkt Fälscherwerkstätten, um den Bedarf zu decken. Alles Kommerz, was sonst!

Diese Praxis der Verfälschungen konnte in historischen Texten häufig nachgewiesen werden und stellte nachfolgende Nutzer und Interpreter vor große Probleme und Fehldeutungen.

So ist auch die Geschichte des Jesus-Jünger Petrus zu werten.

Ob er jemals in Rom war und dort den Kreuzestod gestorben ist, ist historisch nicht belegt. Der Klerus benötigte für den Dombau in Rom einen Namensgeber. Selbst der Papst Benedikt XVI., J. Ratzinger, jetzt emeritiert, gab in einer Fernseh-Sendung über den Petersdom und dem Wirken von Petrus zu: „Es könnte so gewesen sein …".

Es will schon viel sagen, wenn ein Papst die Legendenbildung über die Anfänge des Christentums so deutlich ausspricht.

Als geschichtliche Quelle, wenn die Bibel-Texte durch andere historische Quellen bestätigt werden konnten, nutzte sie Theo auch später noch gerne.

Die blutigen Eroberungskriege der Israeliten und die ständige Betonung deren Auserwähltheit missfiel Theo aber zunehmend. Insbesondere deshalb, weil es einer großen Leserschaft, teils zwangsweise durch Religionsunterricht, verordnet wurde. Es mag ja im Sinne der Bibel-Autoren sinnvoll gewesen sein, die Eroberungspolitik der Israeliten mit göttlichem Beistand und Anleitung zu befördern, aber Vorbildcharakter hat es nicht. Theo hatte eher den Eindruck, dass die damalige Stammesgesellschaft, die überwiegend Viehzucht und wenig Landwirtschaft betrieb, nomadisierend den besten Weidegründen hinterher zog. Dabei kam es natürlich zu ständigen Reibereien um die besten Weideplätze und Wasserstellen. In Wildwestfilmen wurde das immer wieder dargestellt. So ähnlich muss man sich das in biblischen Zeiten wohl auch vorstellen, denn die Menschen waren schon immer auf ihren Vorteil bedacht. Insbesondere, wenn es ums Überleben ging, da diese Gesellschaften kaum Vorräte anlegten.

Anders als die Geschichten des Alten Testamentes, muss man das Neue Testament beurteilen. Es ist die Geschichte des Zimmermanns Jesus Christus. Er soll in einer Zeit ständiger Auseinandersetzung der Juden mit der römischen Besatzungsmacht und deren einheimischen Statthaltern gelebt haben.

Historische Quellen sind widersprüchlich und spärlich gesät, sie geben kein eindeutiges Bild vom Wirken eines Jesus, der später Christus genannt wurde. Einige Autoren bezweifeln sogar, ob Jesus, wie er in den Evangelien dargestellt wurde, wirklich gelebt hat. Sie begründen das mit dem geringen Echo, welches sein Wirken in geschichtlichen Quellen hinterlassen hat.

Die Berichte über Jesus fallen in eine Zeit, in der die Juden versuchten, die römische Fremdherrschaft durch Aufstände abzuschütteln.

Diese machte mit den Aufrührern kurzen Prozess. Einer der bekanntesten, die der herrschenden Staatsmacht zum Opfer fiel, war Johannes, den sie auch den Täufer nannten.

Die Zeugung Jesu durch den Heiligen Geist Gottes hat etwas Mystisches und ist in der Geschichte der Religionen nicht einmalig. Die Pharaonen z. B. waren in der Regel Söhne der Sonne, d. h. gezeugt vom höchsten Gott Ra.

Die göttliche Abstammung war wichtig, um den Pharao und seine Herrschaft unantastbar zu machen. Dieses Prinzip fand noch häufig in der Geschichte der Machtausübung Anwendung. Der Herrscher und seine ihn stützenden Kräfte brauchten eine Legitimation, die außerhalb der menschlichen Möglichkeiten angesiedelt war. So berief sich Hitler auf die Vorsehung, ein ähnliches Konstrukt. Auch religiöse Führer machten davon Gebrauch, um ihrem Anliegen einen gewissen Nachdruck zu verleihen.

So wird von Buddhas Geburt berichtet, dass seine Mutter Maya träumte, auf einer Wolke in den Himmel empor zu fahren. Dort begegnete ihr ein heiliger, weißer, schöner Elefant, der ihr mit seinen Stoßzähnen in die rechte Seite stieß und in ihren Schoß einging. Als sie aufwachte, war sie schwanger und gebar einen Sohn. Für die Geburt des Erleuchteten wäre kein irdischer Mann würdig genug gewesen. Schon kurz nach der Geburt, so will es die Legende, sprach Siddhartha: „Ich bin der, der die Welt führen wird, dies ist meine letzte Geburt". Darauf durchstrahlte ein Licht die Welt und die Erde erzitterte.

Bei Jesu Geburt erstrahlte auch ein sehr heller Stern über dem Geburtsort. Es musste schon ein Himmelszeichen sein, natürlich, ohne ein Gotteszeichen keine heilige Handlung. Sicher auch nachträglich eingefügt, denn Astronomen konnten beim Rückwärtsdrehen des Sternen-Himmels keine auffällige Erscheinung, z.B. Supernova, für die angegebene Zeit feststellen.

Jesus, dessen Geschichte und Lehre durch Paulus und den Geschichtsschreiber Josephus bekannt geworden ist und sich zur christlichen Religion verbreitet hatte, kann man formal mit Martin Luther vergleichen. Beide wollten keine neue Religion schaffen, oder die vorhandene beseitigen, sondern aufgelaufene Missstände tilgen, sie also reformieren. Damit gerieten sie in Konflikt mit dem herrschenden Klerus und wurden verfolgt. Opfer dieser Verfolgung wurden beide, nur Jesus verlor sein Leben und Luther fand gleichgesinnte, aber nicht uneigennützige Helfer, die ihn retteten. So konnte Luther sein Reformwerk weiterführen, was Jesus in den knapp zwei Jahren, die ihm verblieben, sicher nicht gelang.

Ist das Leben des Siddhartha Gautama nach der Überlieferung in Einzelheiten bekannt, so wird nur im Evangelium des Lukas vom zwölfjährigen Jesus berichtet, dass er im Tempel unter den Lehrern saß und alle wunderten sich über seinen Verstand und seine klugen Antworten. Danach wird vom weiteren Leben Jesu erst wieder berichtet, als er mit etwa 30 Jahren anfing zu predigen. Auch die anderen Evangelisten berichteten übergangslos von seiner Geburt zum erwachsenen Prediger.

Viele haben sich gefragt, was hat er in der Zwischenzeit gemacht.

Darüber wurde viel spekuliert. Einige vermuten, er sei mit einer Karawane Richtung Indien gezogen. Dort ist er mit dem Hinduismus und Buddhismus bekannt geworden und hat von den Asketen, Fakiren, Magiern und religiösen Meistern vieles gelernt, was er später angewendet hat, z. B. allerhand Tricks, die später als Wunder überliefert wurden. Er machte Wein aus Wasser, als die Gäste schon betrunken waren, die Brotvermehrung und das Schreiten übers Wasser usw. In Indien konnte er sicher darüber wertvolle Anregungen erhalten.

Um Christi Geburt wird der Buddhismus vom Mahayana geprägt. Hier ist das menschliche Ideal der Bodhisattva, ein Mensch, der vor der eigenen Erlösung andere Wesen rettet und ihnen den Weg zum Nirwana zeigt, zum völligen Verlöschen. Dies aus großem Mitgefühl, weil erkannt war, dass der Weg zur Erleuchtung mit großen Anstrengungen verbunden ist, die nicht jeder bewältigen kann. Auch hier bieten sich Parallelen zum Verständnis Jesu an, der durch sein Opfer am Kreuz die Menschheit retten wollte.

Seit dem ersten Jahrhundert v. d. Z. lag die bisher mündlich weitergegebene Lehre des Buddha Siddhartha Gautama bereits schriftlich in der Pali-Sprache vor.

Es ist allerdings nicht bekannt, ob Jesus Lesen und Schreiben beherrschte, darüber gibt es keinerlei Angaben in der schriftlichen Überlieferung. Möglich ist es aber, dass er das in Indien gelernt hat, denn man muss schon von einer besonderen Begabung und Intelligenz bei ihm ausgehen.

Als der Buddhismus zur Volksbewegung wurde, kam das Bedürfnis auf, Buddha einen göttlichen Status zu verleihen, auch wurden Heilige und himmlische Wesen in den Buddhismus installiert.

Die lange Abwesenheit des Jesus von Nazareth im Schrifttum lässt annehmen, dass er durchaus nicht untätig war. Es scheint so, als hätte er die religiösen und kulturellen Strömungen seiner Zeit kennen gelernt, aber sicher nicht durch seine Eltern.

Und auch die zehn Gebote des Hammurapi aus dem 18. Jahrhundert v. d. Z. haben auf Umwegen sicherlich Pate gestanden bei den zehn Geboten der Bibel.

Das Gesetzeswerk des Hammurapi ist auf einer Diorit-Stele eingemeißelt, einem der widerstandsfähigsten kristallinen Gesteine unseres Planeten. Deshalb ist es auch nach über 3700 Jahren noch so gut erhalten auf uns gekommen.

Die Gesetzestafeln, die Mose nach der Bibel vom Berg Sinai herunter geholt hat, sind verschwunden, deshalb können sie heute auch nicht mehr bewertet werden.

Auch Hammurapi hatte einen Vorläufer in dem Gesetzestext des Ur-nammu aus einer Ur-Dynastie in Mesopotamien. So kann man allgemein davon ausgehen, dass es zu fast allen Ereignissen Vorläufer und Parallelentwicklungen gegeben hat.

Es hat sich gezeigt, dass es dies nicht nur auf sozial-religiösen, sondern auch auf technischen Gebieten in der menschlichen Entwicklung gegeben hat.

So haben die Archäologen z. Zt. des Thor Heyerdahl geglaubt, die Ureinwohner Mittelamerikas haben die Errichtung von Pyramiden nur durch den Kontakt mit dem alten Ägypten zustande bringen können. Um das zu beweisen, hat er die Fahrt mit dem Bambus-Floß „Kon Tiki" unternommen. Und tatsächlich konnte er mit dem Bambus-Floß den Atlantik überqueren, wenn auch unter großen Mühen und zuletzt mehr unter als über Wasser.

Diese forschenden Abenteurer haben Theo schon immer begeistert, zumal er selbst ein begeisterter Segler war. Trotz dieses Erfolges konnte Heyerdahl die Fachwelt nicht überzeugen.

Heute geht man in den meisten Fällen von eigenständiger Entwicklung aus.

Wenn man auch annehmen muss, dass nicht alle Nachrichten vom Berichterstatter selber durch persönliche Begegnung gemacht werden konnten, etwa wie durch Marco Polo. Dieser hat bekanntlich die weite Reise nach China unter großen Mühen unternommen und einige Jahre am Kaiserhof des Kublai Khan verbracht. Erst durch ihn hat Europa erfahren, welche kulturelle Blüte es bereits im Fernen Osten zu bestaunen gab.

Wobei heute auch bezweifelt wird, ob er alle beschriebenen Abenteuer und Erzählungen selber erlebt oder auch Berichte anderer Autoren übernommen hat.

Es gab aber noch eine andere Möglichkeit des Austausches unter den Völkern, nämlich durch mündliches Weitersagen. Dieser Weg führte zum Beispiel über die Seidenstraße. Hier wurde nicht nur Seide, sondern auch Nachrichten transportiert. Die Karawanen brachten nicht nur Seidenstoffe, die im ausgehenden Mittelalter sehr begehrt waren, sondern auch Wissen in seiner vielfältigen Form mit ins Osmanische Reich und von dort nach Europa. Auf diesem Wege entstanden prachtvolle Städte, die heute noch in Usbekistan besichtigt werden können. Das sind Chiwa, Buchara, Isfahan und Taschkent, wahre Perlen der Architektur. Hier wurden von den jeweiligen Herrschern nicht nur religiöse Lehrstätten, sondern zugleich auch Zentren der Wissenschaft betrieben, in den sogenannten Medressen. So konnte Jesus natürlich auch aus Erzählungen von fremden Philosophien und Religionen erfahren haben.

Je länger sich Theo Heiden später mit Religionen und speziell dem Buddhismus befasste, desto mehr kam er zu der Erkenntnis, dass das Phänomen Religion in allen menschlichen Gesellschaften anzutreffen ist.

Es muss das Bedürfnis ausdrücken, die Unsicherheit der eigenen Existenz zu überwinden bzw. sie in besondere, positivere Bahnen zu lenken.

Da jeder Mensch am Ende seines Lebens sich dieser Frage stellen muss, machte sich auch Theo Heiden so seine Gedanken.

Ihn interessierte auch die Frage, wie Religionen den Ursprung der Welt beschreiben. Natürlich hat ein Gott die Welt mit allem „Drumherum" erschaffen. Das ist in allen Religionen so. Aber allen Moderatoren scheint das nicht zu genügen, weil das Fragen aufwirft. So wird danach gefragt, wer hat denn den Gott erschaffen, wo ist dessen Ursprung. Die meisten sagen, der Gott war schon immer da, „von Ewigkeit zu Ewigkeit". Bei den Christen hat er zwar einen Sohn, aber dieser hat keinen Opa. Da bricht die Chronologie ab.

Die „Alten Griechen" haben vermutlich diese Lücke erkannt, konnten sie aber letzlich auch nicht schließen. Zeus, der oberste Gott und Vorstand der Götterfamilie, hat nämlich einen Vater, Kronos. Dieser verschlang bekanntlich alle seine Kinder bis auf Zeus. Mutter Hera hat ihn versteckt und so die Generationenfolge gesichert.

Auch Zeus hat damit keinen Opa. Es wäre auch müßig, dies weiter zu treiben, irgendwann muss die Reihe abbrechen, ein Ursprung kann so nicht angegeben werden.

Es ist die altbekannte Frage, wer war eher da, die Henne oder das Ei?

Man muss sich jedoch fragen, wie kann es sein, dass ein Objekt keinen erklärbaren Ursprung hat!

In der Quantenphysik wird ein interessanter Ansatz diskutiert. Danach ist es möglich, dass sich in der Vakuumfluktuation, auch Quantenfluktuation genannt (ein Raum voller virtueller Teilchen), die sich als Teilchen/Antiteilchen-Paarbildung darstellen. Nach der Paarbildung zerfallen diese sofort wieder. Auch wenn alle Teilchen und Strahlung aus einem definierten Raum entfernt werden, sind virtuelle Teilchen, die „noch" nicht nachweisbar sind, in diesem Raum vorhanden. Wenn man diesen Gedanken weiter entwickelt, zum Beispiel derart, dass es gelingen würde, den sofortigen Zerfall bei der Paarbildung zu vermeiden, diesen Zustand zu stabilisieren und ihn gezielt an- und abzuschalten, so hätte man eine Erklärung für die Entstehung von Materie aus dem Nichts, auch die eines Gottes. Das An- und Abschalten müsste aber spontan erfolgen, denn ein Eingreifen von außen müsste sich ja verbieten.

In der Science-Fiction-Kinowelt ist das schon vorweg genommen. Und in der Bibel ebenfalls. Hier heißt es in der Apostelgeschichte: „Jesus sei in einer Wolke in den Himmel getragen worden", das wird in der Christlichen Kirche als Christi Himmelfahrt gefeiert. Er wurde auf der Erde geboren und verschwand dann im Nichts. Bei Mohammed, der eines natürlichen Todes gestorben ist, soll es ebenso gewesen sein (Nachahmer-Effekt?).

Theo hinterfragte die Religionen des Abendlandes und des Morgenlandes, nämlich das Christentum und den Islam, beide aus dem Judentum hervorgegangen. Sie wurden modifiziert, für die eigenen Zwecke umgeschrieben und den gewünschten Bedingungen angepasst.

Der Zweck war, eine Gefolgschaft zusammenzuschweißen, um eine schlagkräftige Gemeinschaft zu bilden, um letztendlich Herrschaft und Macht über andere auszuüben.

Religion also nur Mittel zum Zweck, eindeutig **Ja.**

Die Prüfung der drei monotheistischen Religionen, Judentum, Islam und Christentum fiel deshalb für Theo Heiden logischerweise deutlich negativ aus. Warum ?

- Sie beharren auf dem Stand der Alleinvertretung und sind rechthaberisch und unduldsam.
- Dadurch sind sie unglaubwürdig und heuchlerisch.
- Sie führten und führen immer noch im Namen ihrer Religion Kriege und verbreiten Unglück, statt wie verkündet, den Menschen Heil und Frieden zu bringen.
- Fast alle Kriege der letzten 2000 Jahre sind im weiteren Sinn Kriege dieser religiösen Auseinandersetzungen. Wenn nicht, so wurden sie doch von den Vertretern dieser Religionen toleriert.
- Diese genannten Religionen haben keinen Mechanismus entwickelt, der Anreize gibt, ein besserer Mensch zu werden. Mit Lippenbekenntnissen von Reue und Buße (Beichte und Märtyrertum), auch

käuflich in seiner abartigen Form, haben sie keinerlei erzieherische Wirkung, sind nahezu wirkungslos.

- Dadurch konnten diese Religionen von den jeweils herrschenden Cliquen gebraucht und missbraucht werden, ein Teufelskreis.
- Der gegen die menschliche Natur eingeführte Zölibat mit seinen pädophilen Auswüchsen.
- In manchen Erdteilen, insbesondere in Afrika, stoßen die beiden Religionen, nämlich der Islam und das Christentum, bereits heftig aufeinander. Marodierende Banden entvölkern ganze Landstriche und destabilisieren gerade erst eingerichtete Staaten. Völkermord ähnliche Gräueltaten sind schon bekannt geworden. Der Fanatismus, gepaart mit Unwissenheit und Bildungsferne, forderte Hunderttausende von unschuldigen Opfern.
- Es wird Zeit, dass sich die Menschen von Religionen trennen und nur noch Philosophien akzeptieren, die Lebenshilfen geben und in friedlichem Wettstreit zueinander stehen.
- Die Zeit von Religionen ist bei vielen vorbei, sie sind reaktionär und nicht mehr überzeugend.
- Die Probleme der Menschheit müssen anders gelöst werden, jedenfalls ohne religiösen Hass.
- Das Zusammenleben der Menschen ist durch Rassenschranken bereits kompliziert genug, diese zu überwinden ist schon schwer, da kann die Menschheit auf religiöse Gefechte verzichten.
- Das Auslöschen alter Kulturen durch Einsatz überlegener Kriegstechnik und brutaler Zwang bei Installation einer neuen Religion, der christlichen. Damit ging deren Kultur unwiederbringlich verloren. So geschehen bei der Eroberung der Hochkulturen in der Neuen Welt.

Außerdem nutzen die klerikalen Kräfte geschickt die Schwachpunkte der menschlichen Existenz aus.

In vieler Hinsicht unterscheiden sich Christentum und Islam nur marginal.

Sie sind rückwärtsgewandt und Theo ist überzeugt, wenn sie könnten, würden sie die mittelalterlichen Strukturen wieder errichten und die Menschen und ihre Institutionen unter ihre Kontrolle bringen.

Bei muslimischen Gesellschaften ist das sowieso zu beobachten, aber auch z. B. in Deutschland besteht die Tendenz, dass die konservativen Kräfte der Gesellschaft den Kirchen immer mehr Freiräume, insbesondere bei der Kindererziehung und bei ihrer finanziellen Ausstattung, einräumen.

Gegenüber dem Islam beklagen sie die fehlende Säkularisierung dieser Gesellschaften und ignorieren gerade die Aufweichung dieser Prinzipien in der eigenen Gesellschaft.

Beide Religionen setzen auf Krieg, um mit ihrer Verbreitung auch weltlichen Herrschaftsanspruch durchzusetzen.

Mohammed setzte schon zu seinen Lebzeiten seine nomadischen oder halbsesshaften Krieger gegen die bereits christlich geprägten Stämme im Norden Afrikas in Gang. Sie überrannten diese Gebiete in kurzer Zeit und zwangen die dort lebenden Menschen, den Islam als Religion anzunehmen.

Die weltliche Herrschaft der Christen begann mit der Installierung des Bischofsamtes, insbesondere dem des Bischof von Rom, der sich im Streben nach Vorherrschaft unter den Bischöfen als späterer Papst durchsetzte.

Das war der Beginn der klerikalen Kaste und dem hierarchischen Aufbau des Klerus nach militärischem Vorbild.

Die erste größere Kriegshandlung durch die Christen erfolgte durch den Aufruf des Papstes Urban II. zum ersten Kreuzzug der Geschichte, zur Befreiung der heiligen Stätten in Jerusalem, die von den Seldschuken besetzt waren. Natürlich ging es hier nicht nur um religiöse Ziele, sondern auch um Landbesitz, Einfluss und Macht, wie in den späteren Kreuzzügen auch.

Im ausgehenden 15. Jahrhundert richteten sich die Interessen der Päpste verstärkt auf Macht- und Landgewinn und damit auf fette Pfründe, auf die Königs- und Herzogtümer Italiens. Ein Höhepunkt dieser Bestrebungen wurde unter Papst Alexander VI. und seinem Sohn Cesare Borgia erreicht.

Durch deren wüstem Lebensstil, bestehend aus Intrigen, Morden, Konkubinen, Ämterkauf, Bestechungen u.a. riefen sie Widerstände bei Gläubigen hervor. Der Mönch Savonarola war einer, der das heftig anprangerte. Alexander ließ ihn schließlich exkommunizieren, darauf wurde er gehängt und verbrannt. Man war nicht zimperlich.

Es gab keine Schandtaten, die die „heiligen" Männer ausließen, um ihres Vorteils willen.

Durch Ränkespiele, wechselnde Bündnisse, Heiraten und Kriege versuchten sie, den Kirchenstaat zu vergrößern und damit ihren Macht- und Einflussbereich auszubauen.

Die religiösen Inhalte waren nebensächlich, Ämter und Macht hatten sie vollständig verdrängt. Historische Quellen vermuten, dass Papst Alexander selbst an die Botschaft des Christentums nicht glaubte. Bei dem Lebenswandel war das auch kein Wunder.

Der nächste große Krieg in der Auseinandersetzung um die Vorherrschaft unter den Christen fand im Rahmen des 30-jährigen Krieges statt. Hierbei kam ein Großteil der deutschen Bevölkerung ums Leben.

Man kann nur sagen: Schöne christliche Welt. Und dafür sollte ein Jesus sein Leben am Kreuz verspielt haben?

Wie sagte doch Karl Marx: Religion ist eine menschliche Erfindung und Opium fürs Volk, in allen Gesellschaftsformen.

Es kann nachgewiesen werden, dass die jeweilige Religion nur als Vorwand benutzt wird, um Ziele zu erreichen.

Gott wurde insbesondere im ersten Weltkrieg bemüht. Religionslehrer trimmten die Soldaten auf ein Kriegs-Vaterunser ein. Von der Kanzel wurde zum Durchhalten gepredigt, Gott sei mit euch!

Mit Gott in den Krieg für Kaiser, Volk und Vaterland, das war die gängige Parole.

Als das frenetisch gebrüllt wurde, ahnten sie noch nicht, dass die meisten im Massengrab vor Verdun und an anderen Fronten enden würden.

Der Kaiser Wilhelm. II betrachtete sich selber, wie die römischen Cäsaren, als von Gottes Gnaden eingesetzt.

Er verbrachte nach Kriegsende noch schöne Jahre im Exil und gratulierte Hitler zur Eroberung von Belgien und Holland.

Warum gab es 1918 keinen Nürnberger Prozess, man hätte den „gottgleichen" Kaiser aufhängen können.

Und der sogenannte Feind bemühte natürlich den gleichen Gott, das kannte man schon vom 30-jährigen Krieg.

Es waren schwere Zeiten für einen Gott, wie sollte er sich verhalten. Und wie schon oft im Laufe der menschlichen Gesellschaft, fand er sich vor dieses Problem gestellt, falls es ihn geben sollte.

Theo meinte, er würde sich nicht wundern, wenn sich Gott emeritieren ließe, wie Papst Benedikt XVI., der war den Machenschaften des Vatikan-Klerus, der Kurie, auch nicht gewachsen.

Und wie verhielt sich der „Stellvertreter Gottes", Papst Pius XII., im zweiten Weltkrieg gegenüber den der Verfolgung ausgesetzten Juden?

Der Dramatiker Rolf Hochhuth hat das in seinem Drama „Der Stellvertreter" angeprangert. Er lässt den fiktiven Priester Fontana sagen: „Ein solcher Papst ist ein Verbrecher ..." (der nichts für die Rettung der römischen Juden getan hat, obwohl er wusste, dass sie in Konzentrationslagern vernichtet werden sollten).

Pius XII. war ein Judenhasser. Warum? Nahm er den Juden noch immer übel, Jesus umgebracht zu haben? Hat er deshalb zu den Verbrechen der Nazis an den Juden geschwiegen oder fürchtete er um sein Leben, falls er Stellung beziehen würde. Wir wissen es nicht, aber was bekannt geworden ist, Hitler war für ihn das kleinere Übel gegenüber dem Kommunismus, Menschenrechte waren ihm fremd.

Der Verdacht kam auf, dass er sogar mit den Nazis kollaborierte.

Eine Distanz zur verbrecherischen Macht sieht anders aus.

Dass es letztlich nur um Macht und Einfluss geht, kann man an den Auseinandersetzungen der verschiedenen Religionsausprägungen erkennen.

Außerdem hat es schon immer einen Verdrängungswettbewerb unter den Religionen gegeben, gegenwärtig besonders heftig.

Z. Zt. ziehen radikalisierte islamistische Horden durch Staaten des Nahen Ostens und prahlen mit abgeschlagenen Köpfen von „Ungläubigen" vor laufender Kamera, dazu brüllen sie *Allahu akbar*. Viel mehr wissen sie häufig nicht vom Islam, der viele Auslegungen zulässt.

Besonders brutal wird der ultrakonservative Islam von den Saudischen Machthabern angewendet. Hier sollen noch Steinigungen, Auspeitschen und Verstümmlungen nach dem alten „Auge um Auge, Zahn um Zahn-Prinzip" vorgenommen werden.

Interessant ist, dass sogar ein Wechsel der Religionszugehörigkeit, also weg vom Islam, mit dem Tode bedroht ist.

Dass diese Methoden auch gegen Angehörige der Herrscherkaste der Saudis angewendet werden, davon ist noch nichts bekannt geworden. Diese Herrscher-Clique hat Narrenfreiheit, ihre Freizeit, und davon haben sie viel, denn sie müssen auch nicht arbeiten, verbrachten sie im toleranten Libanon, meist in Bars und Bordellen.

Um des Öls willen werden diese Scheußlichkeiten von der deutschen Regierung und denen anderer westlicher Länder geflissentlich „übersehen" und toleriert. Auch hier diktiert der Kommerz das politische Handeln und nicht das christliche Gewissen.

Christentum und Islam unterscheiden sich in ihrer zerstörerischen Kraft nicht wesentlich. Ein friedlicher Wettbewerb scheint aussichtslos.

Der Islam setzte zum Beispiel eines seiner größten Heiligtümer, den Felsendom, auf die Fundamente des Salomonischen Tempels. Warum? Er dokumentiert den Sieg Allahs über Jahwe. Es ist immer das gleiche Spiel.

Das liegt sicherlich an den gemeinsamen Wurzeln beider Religionen. Der Islam hat wesentliche Teile des Christentums übernommen, z. B. den Empfang der Suren durch den Engel Gabriel, also durch eine göttliche Macht, die Himmelfahrt Mohammeds auf seinem Pferd *Burak*, hier sogar hoch spektakulär auf einem Schimmel, die Geschichte der Juden auch als Grundlage des Islam u.a.

Der Islam hat bisher keine Reformation zustande gebracht. Die reaktionären Kräfte, insbesondere in Saudi-Arabien, richten sich noch nach den modifizierten alten Gesetzen, die ihnen die Herrschaft und die ihrer Clique im Lande sichert.

Sicher mögen sich deshalb das Christentum und der Islam nicht, weil sie z.T. Plagiate sind. Es ist nicht einfach, eine neue Religion zu erfinden, ohne auf Vorgänger zu verzichten. So muss es Mohammed gegangen sein, denn er wollte die zerstrittenen arabischen Stämme vereinen und ihnen Bedeutung gegenüber dem sich ausbreitenden Christentum verschaffen.

Wegen der geografischen Nähe der arabischen und jüdischen Stämme ist es durchaus möglich, dass auch die religiösen Vorstellungen sich angenähert hatten. Es muss angenommen werden, dass diese den Stämmen im Nahen Osten bekannt waren und wenn auch nur aus Erzählungen.

Diese wandernden Erzähler standen in hohem Ansehen, weil sie das Mitteilungsbedürfnis der Menschen befriedigten.

Hatten die Juden bereits ihre heiligen Schriften in der Thora niedergelegt, verfügten die arabischen Stämme über keine schriftlichen Aufzeichnungen. Ihre Historie und ihre religiösen Vorstellungen wurden über Jahrhunderte nur mündlich weitergegeben.

Da angenommen werden muss, dass weder Jesus noch Mohammed lesen und schreiben konnten, wurden ihre Gedanken erst nach ihrem Tod von Nachfolgern aufgeschrieben.

Der Koran wurde zuerst in der Konsonanten-Schrift aufgeschrieben, was heute keiner mehr lesen kann.

Aus diesen Überlegungen kann geschlossen werden, dass Religionen immer aus einer bestimmten Absicht und einem bestimmten Ziel entwickelt und verkündet werden. Häufig gehen schwere Auseinandersetzungen in der Gesellschaft voraus oder Unruhen, die durch Unterdrückung hervorgerufen werden.

So geschehen während der Auseinandersetzung der Juden mit der Besatzungsmacht der Römer.

Es führte letzten Endes zur Vertreibung der Juden aus Israel und zur Zerstreuung eines ganzen Volkes. Bis Theodor Herzl Anfang des 20. Jahrhunderts den Zionismus entwickelte, der die Rückkehr der Juden ins ehemalige Siedlungsgebiet der Juden, ins heutige Palästina, betrieb. Damit setzte eine neue Vertreibung ein und die permanente Auseinandersetzung mit den dort in Jahrhunderten heimisch gewordenen Menschen. Bis heute ist nicht zu erkennen, wie der Konflikt gelöst werden kann. Seit dieser Zeit hat es schon mehrere Kriege und Tausende und Abertausende von Toten zu beklagen gegeben.

Weltweit ist zu beobachten, dass es immer neue abscheuliche Gemetzel zwischen den Religionen gibt, die zur Auflösung der einst von den Kolonialmächten England und Frankreich gezogenen unnatürlichen Grenzen, mitten durch Stammesgebiete, führt.

Die Zukunft lässt nichts Gutes erwarten.

Verstärkt wird diese Entwicklung noch durch die Globalisierung und Kriege innerhalb der arabischen Welt, die zur Vertreibung und Flucht von Millionen von Menschen geführt hat. Sie hat schon die Dimension einer modernen Völkerwanderung angenommen. Dadurch kommt es zwangsläufig zu Auseinandersetzungen, weil sich Kulturen nicht ohne weiteres vermischen und Religionen schon gar nicht, weil sie die Kulturen bei vielen Völkern dominieren und zum Teil sogar ersetzen.

Im Gegensatz zu Auseinandersetzungen in der Vergangenheit, verfügen die Konfliktparteien heute über ganz andere, wirkungsvollere Waffen, um sich gegenseitig umzubringen.

Es ist die Zeit, die Diktatoren hervorbringt, fanatische Männer, die, machtbesessen, alles auf eine Karte setzen, um ihr Ziel zu erreichen.

Wenn die Menschheit nicht aufpasst, wird unsere schöne Erde ein Schlachtfeld, von dem sie sich nur schwer wird erholen können.

Ist es das von der Bibel geweissagte Armageddon?

Wir wissen es nicht, aber eines hat sich immer gezeigt, die zerstörenden Kräfte waren bisher immer stärker als die friedliebenden Bemühungen der Menschen. Und Religionen konnten daran auch nichts ändern.

Appelle an die Vernunft des menschlichen Handelns hatten nur kurzzeitigen Erfolg. Wo Rendite-Sucht, Egoismus und Gier den Blick verstellen und alles andere ausblenden, ist eine Änderung wohl nicht zu erwarten.

Die Scheinleistungen der Religionen

Im Mittelalter und bis zum Beginn der Moderne waren die Kirchen die Kapital-Sammelstellen schlechthin. Das kam schon in der äußeren Struktur der Gesellschaft zum Ausdruck, nämlich durch die Vereinigung der weltlichen und kirchlichen Macht. Die umfassende Macht der Fürstbischöfe mit ihren von der weltlichen Macht verliehenen Pfründen, versetzten sie in die Lage, das Volk nach Belieben zu gängeln und auszubeuten.

Sie wetteiferten mit der weltlichen Macht des Adels im Lebensstil, in ihren Bischofspalästen und ihrer Prunksucht. Dieser Reichtum ermöglichte es ihnen, die besten Künstler ihrer Zeit zu beschäftigen und diese in den Dienst ihrer kirchlichen Botschaften einzuspannen.

So sind auf allen Gebieten des kulturellen Lebens, der Malerei, der Musik und der Baukunst gewaltige und einmalige Werke geschaffen worden. Viele Kunstschaffende hatten keine Wahl, als diesen Dienst zu akzeptieren, weil das Bürgertum noch nicht in der Lage war, entsprechende Arbeiten zu vergeben. So hatte ein Leonardo da Vinci nur die Möglichkeit seine Kunst zu verwirklichen, indem er sich in den Dienst des Vatikans und der Medici, die auch einen der ihren zum Papst machte, zu stellen. So lassen sich noch viele Beispiele angeben, in denen Künstler gezwungen waren, den Kirchen zu Diensten zu sein.

Einer der Wenigen, die den Mut hatten, dieser Gängelei eine Absage zu erteilen, war Mozart. Er war einer der Ersten, der als freier Künstler den Mächtigen die Stirn bot. Dies war seinem Genie und dem aufkommenden Bürgertum zu verdanken. Auch er war noch z.T. auf adlige Gönner angewiesen, wie Beethoven auch.

Theo kann sich noch heute über die arroganten Pfaffen aufregen, die Mozart, einen der bedeutendsten Musiker aller Zeiten, so schäbig behandelt haben.

Theo hat einmal gelesen, dass Mozart als das bedeutendste Genie der Menschheit angesehen werden kann. In der Gesamtheit seines Schaffens, ja, da konnte er nur zustimmen. Manche vermuten, dass Mozart in Teilen seiner Existenz eine autistische Ausnahme-Begabung war.

Diese unbedeutenden Klerikalen in Salzburg werden doch heute nur noch erwähnt, weil sie einen Bezug zu Mozart hatten, nicht durch eigene Bedeutsamkeit. Sie waren nicht einmal in der Lage, das Genie Mozarts zu erkennen. Sie hatten nur ihre beschränkte Sicht auf Machterhalt des Klerus und forderten gehorsam, sonst nichts!

Sie wollten und wollen keine mündigen Bürger, sondern Jasager und gehorsame Kirchgänger. Wer es da wagte auszubrechen, den ließen sie ihre Macht spüren.

Theo war sich nicht sicher, ob diese herrlichen Chorwerke und Messen auch ohne diese Fron entstanden wären. Es ist müßig darüber zu streiten, die Musikwelt ist froh, dass es diese Werke gibt.

So müssen auch die Kathedralen bewertet werden. Sie sollten nicht die Baukunst beflügeln, sondern die Gläubigen kleinmachen und beeindrucken. Diesen Effekt benutzten schon die römischen Kaiser. So errichtete Kaiser Konstantin im 4. Jahrhundert in Trier die sogenannte Palastaula, den dieser als Thronsaal nutzte. Er benutzte dieses Bauwerk auch als Mittel seiner kaiserlichen Machtentfaltung. Der Besucher oder Bittsteller kam in die riesige Basilika und sah den Herrscher nur in beeindruckender Entfernung auf einem Thron sitzen, der in der Apsis aufgestellt war. Die Besucher näherten sich in demütiger Haltung und waren vom Kaiser wohl sichtlich beeindruckt und fühlten sich klein und unbedeutend.

Später nutzte der Trierer Bischof die Aula als Residenz, sicher ganz im Sinne des Kaisers, als unangreifbare Macht und göttliche Autorität.

Theo war wieder einmal froh, dass er nicht in dieser Zeit hat leben müssen.

Auch wenn die Macht und Einfluss des Klerus, wie z. B. in Bayern, noch bedeutend ist, so sind die bürgerlichen Kräfte doch so gestärkt, dass die alten Machtverhältnisse nicht wieder die Oberhand gewinnen können. Aber noch heute ist der klerikale Einfluss in den Parteien Deutschlands so groß, dass Kirchensteuern weiter durch den Staat eingezogen werden und die Bischofsgehälter direkt vom Bund übernommen werden. Da wird der Bürger nicht gefragt, ob er damit einverstanden ist. Damit hat der Klerus wieder enorme Reichtümer ansammeln können, die er z.T. in dubiosen Geldtöpfen versteckt.

Aber Ausgaben scheut der Klerus wie der Teufel das Weihwasser. So schmücken sich die Kirchen gerne mit Aufgaben für die Allgemeinheit. Sie betreiben Schulen und Kindergärten, aber bezahlt werden diese Leistungen zum großen Teil von den Steuerzahlern, also von der Öffentlichen Hand.

Der Klerus hat demnach im deutschen Parlament noch so viel Rückhalt, dass diese Praktiken heute noch möglich sind.

Diese Zahlungen sollen sich noch aus Enteignungen von Kirchenbesitz aus grauer Vorzeit ergeben. Die gesellschaftlichen Kräfte haben bisher nicht vermocht, hier klare Verhältnisse herzustellen.

Aber gegenüber anderen Religionsgemeinschaften wird immer betont, in Europa mit seinen demokratischen Strukturen ist die Säkularisierung vollständig erreicht. Wie man sieht, ist dem nicht so.

Im Verschleiern von Tatsachen war der Klerus schon immer gut.

Im Islam sind die Strukturen noch heute mittelalterlich, eine Trennung von Staat und Kirche ist nicht einmal in Ansätzen zu erkennen. Im Gegenteil, hier haben die Kleriker den Staat voll im Griff.

So hat der marokkanische Herrscher Hassan II. alle Einwohner gezwungen, für den Bau der gewaltigen Moschee in Casablanca eine Abgabe zu entrichten. Dies erzählte der begleitende Reiseführer, dabei sollen die Geldeintreiber nicht zimperlich vorgegangen sein. Theo war es bei seinem Besuch gelungen, durch einen Türspalt, den der Türwächter ihm gegönnt hatte, einen kurzen Blick ins Innere der Moschee zu werfen. Es war sehr beeindruckend, was er da sah. Alles vom Feinsten, Marmor, Säulen und Mosaiken und in Gold gefasst, man konnte sich nicht sattsehen. Es wurde an nichts gespart. Sie hatten etwa eine Milliarde US-$ verbaut, weil dazu extra eine Landzunge aufgeschüttet und gesichert werden musste, was die Baukosten enorm in die Höhe getrieben hat.

Das Minarett wurde mit einer Höhe von zweihundertzehn Meter angegeben, das höchste Minarett weltweit und höchste Bauwerk für lange Zeit in Nordafrika.

An die arme Bevölkerung, die noch das Letzte hergeben musste, dachten sie nicht im Geringsten.

Der marokkanische Herrscher Hussein wollte auch sein Denkmal.

Die Herrschenden schmückten sich gerne mit repräsentativen Bauten. So legten die Kaiser in Rom Wert darauf, ihr eigenes Forum einzuweihen. Auch heute noch kann man beobachten, dass regionale Herrscher und Ministerpräsidenten Großprojekte anstoßen, um bei der Einweihung zu glänzen, bzw. das Rote Band zu durchschneiden. Auch hier scheinen Kosten keine Rolle zu spielen.

In letzter Zeit machte der Bischof von Limburg Schlagzeilen. Mit seinem Bau einer neuen Residenz wollte er vermutlich die alte Herrlichkeit der Fürst-Bischöfe wieder aufleben lassen. Er hatte sich in der Zeit geirrt. Zum Glück, die Öffentlichkeit ließ ihm das nicht durchgehen.

Der Buddhismus

Theo Heiden kam zu der Erkenntnis, dass weder das Christentum noch der Islam ein befriedigendes Bild einer Weltsicht vermitteln konnte. Diese Religionen lassen sich leicht korrumpieren und stehen meist auf der Seite der herrschenden Clique und handeln in deren Sinn.

Aus dieser Misere heraus wurde Theos Blick auf den Buddhismus gelenkt. Dieser, wie bereits ausgeführt, von Siddhartha Gautama begründet, ist nicht als Religion gedacht. Siddhartha hat nie behauptet, er wäre ein Gott, oder Gottes Sohn, oder von Gott gesandt, wie Jesus es tat. Dieser sprach vom Vater im Himmel.

Siddhartha Gautama hat in langen Jahren der Meditation, des Grübelns und Zweifelns ein Lehrgebäude entwickelt, das wir heute Buddhismus nennen. Er sah das Elend der menschlichen Natur und ihre Leiden. Er sann darüber nach, wie diese Leiden entstehen und zu überwinden wären. Er erkannte, dass nur der Mensch sich selber helfen kann, wenn er über das entsprechende Wissen verfügt.

Es gibt bei ihm keine Formel: „Herr hilf mir oder vergib mir" und die Aufforderung „tue Buße", so wie es im Christentum üblich ist, einfach so, damit hat es für die Meisten sein Bewenden.

Siddhartha, den man später Buddha = der Erleuchtete nannte, hatte sein Erleuchtens-Erlebnis unter dem Bodhi-Baum. Hier und auf seinen Wanderungen durch das heutige Gebiet des Staates Nepal und den Norden Indiens formulierte er seine Lehre, auch Dharma genannt.

Er sah schon als junger, reicher Königssohn das Leiden der Menschen in allen Lebenslagen. Und so hat das Phänomen des menschlichen Leidens den größten Einfluss auf ihn ausgeübt und steht im Zentrum seines Ringens um die allumfassende Wahrheit.

Es war ein schwerer Weg, den er gehen musste. Sicher gehört auch eine Portion Besessenheit zu einem solchen Leben, sonst wäre diese Form wohl nicht möglich. Die Besessenheit formt den Fanatiker und lässt ihn diese extreme Lebensführung durchhalten.

Buddha formuliert die Vier Edlen Wahrheiten:

Alles ist Leiden

Alles Vergängliche ruft Leiden hervor. Geburt, Krankheit, Tod und der Verlust von dem, was der Mensch sich aneignet. Buddha nennt sie Aneignungen, die mit Anhaftungen verbunden sind und Leiden verursachen.

Die Ursache vom Leiden

Es ist das sinnliche Begehren: Gier, Hass, Selbstsucht, Wut, Eitelkeit usw., das für sehr viel menschliches Leid verantwortlich ist.

Das Leiden kann überwunden werden, indem das Ankleben an Menschen und Dingen ausgeschaltet wird.

Das Anhaften führt zur Wiedergeburt, weil es von guten und schlechten Taten des Verstorbenen geprägt wird, von seinem Karma. Der Vorgang der Wiedergeburt ist schwer nachzuvollziehen, aber er ist notwendig.

Hier schafft der Buddhismus einen ethisch/sozialen/religiösen Anreiz, weil Menschen im Allgemeinen ohne Lohn Gutes nicht tun werden. Buddha war ein sehr guter Menschenkenner.

Die Aufhebung des Leidens

Das Begehren, die Ursache der Leiden, muss verschwinden. Alle Anhaftungen müssen gelöst werden. Wenn dies erreicht ist, kann der Mensch das Ziel, den ewigen Frieden und das Ende der Wiedergeburten, das Nirwana erreichen. Am Ende dieser Entwicklung, jenseits von Geburt und Tod, hat der Mensch einen Zustand erreicht, der ihn zum Heiligen werden lässt, ihn zur Erleuchtung führt. Diesen Zustand werden nur wenige erreichen, weil es für Menschen, die in der Gesellschaft leben, fast unmöglich ist, dieses zu verwirklichen.

Dem Buddha war dies wohl bewusst, was er da verlangte. Um den Menschen eine Hilfestellung für den Alltag des Lebens zu geben, hat der Buddha Regeln und Anweisungen entwickelt. Diese hat er im Achtfachen Pfad niedergelegt.

Der Achtfache Pfad

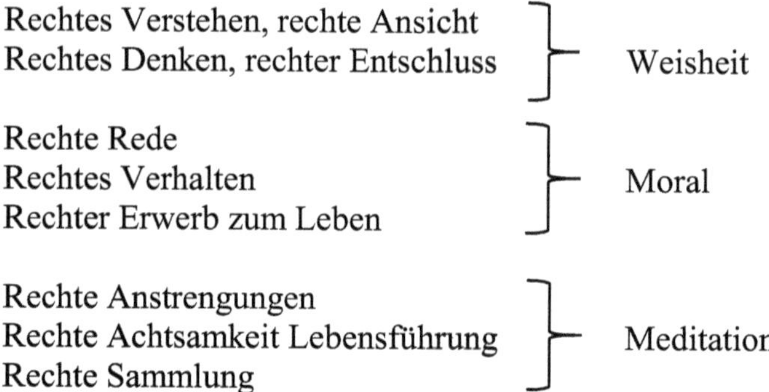

Die im Achtfachen Pfad angegebenen Teilaspekte sind Erfahrungswerte, die der Buddha auf seinem Weg zum Nirwana und auf seinen langen Wanderungen erlebt und erlitten hat.

Den Achtfachen Pfad zu befolgen ist nicht als Gebot aufzufassen. Wie schon gesagt, es bedarf sehr großer Anstrengungen, um diese Empfehlungen einer guten Lebensführung zu verwirklichen.

Theo Heiden hat so seine Zweifel, ob ein Mensch aus der westlichen Welt den Bedingungen des Achtfachen Pfades gerecht werden kann. Der Egoismus und die Gier des Menschen gegenwärtig nach **immer mehr** lassen die besten Vorsätze schmelzen wie das Eis in der Sonne. Er fragte sich, kann ein Mensch so selbstlos sein und sein Bewusstsein sich so verändern, dass er diese Hürde wird nehmen können?

Die vier edlen Wahrheiten beschreiben die grundlegende Misere der Menschen, nämlich dass (fast alle) Ereignisse im Leben eines Menschen mit Leid verbunden sind.

Das Anliegen des Buddha ist, den Menschen zu zeigen, wie er das Leid überwinden und Erleuchtung erlangen kann. Ein schwerer Weg, Theo meinte sogar, dieser Weg wäre übermenschlich. Als Trost verbleibt aber: auch wenn nicht alle Anforderungen erfüllt werden können, so wird das Karma sich weiter verbessern und damit die Aussicht auf Erleuchtung.

Buddha zeigt auf, dass der Mensch selbst seine Befreiung von Vergänglichkeit, Gier und Leiden betreiben kann.

Viele Buddhisten sind gelassen und sanftmütig, sie kleben nicht mehr an der Welt, das Anhaften haben sie überwunden. Toleranz und Gewaltlosigkeit kennzeichnen ihr Verhalten.

Sie haben den Sinn des Lebens gefunden. Diese Wandlung des Menschen ist eine beispiellose Leistung des Buddhismus, andere Religionen haben das nicht im Entferntesten vermocht.

Deshalb werden auch im Namen des Buddhismus keine Kriege geführt.

Aber auch im deutschen Sprachgebrauch hat diese Weisheit einen Niederschlag gefunden:

Ein reines Gewissen ist ein sanftes Ruhekissen.

Dies bewirkt ein seelisches Gleichgewicht, möglicherweise eine stabile Gelassenheit und inneren Frieden.

Theo war mit Sicherheit kein Heiliger, so bereitete ihm insbesondere die rechte Sammlung (Meditation) große Schwierigkeiten. Es heißt, Buddha wäre in sechs Jahren harter Anstrengungen in Meditation versunken unter dem Bodhi-Baum zur Erleuchtung gekommen. Sicher, hier hat er sein Lehrgebäude entwickelt und das lange Ausharren unter dem Baum (dem Baum der Erkenntnis?) hat ihm auch Leiden verursacht. Hat er möglicherweise die Fähigkeit besessen, durch Autosuggestion seine physischen Leiden zu beherrschen?

Es wurde berichtet, dass Fakire oder Sadhus in der Lage sind, eine Operation ohne Narkose zu überstehen, sich also schmerzfrei zu halten. Eine unerhörte Fähigkeit, aber darüber gibt der Buddha keine Auskunft. Einem Menschen der westlichen Welt wird das wohl nicht gelingen.

Hat Buddha einige wesentliche Voraussetzungen nicht preisgegeben?

Warum sollte er - eine philosophische Lehre bedarf vermutlich auch gewisser Geheimnisse und ungelöster Fragen.

Schon Goethe hat geheimnisvoll von „hin zu den Müttern" im „Faust" gesprochen. Auf die Frage, was damit gemeint ist, wollte er keine Antwort geben. Es war sicher ein ungewisses Gefühl, das er nicht erklären wollte.

Buddha sagt:

Enthaltet euch aller abträglichen Taten,
übt die guten Taten,
läutert euren Geist,
jedes Handeln, das anderen schadet,
ist abträgliches Handeln,
das ist die Lehre des Erhabenen.

Hier ist doch alles gesagt, was der Mensch als moralisches Rüstzeug benötigt.

Einfach genial, die Schlichtheit und Wahrhaftigkeit dieser Empfehlung.
Dazu bedarf es keiner weiteren Erläuterungen und keines monströses Erklärungswerkes.

Wenn man jedoch diese einfache Wahrheit umsetzen soll, stellt man schnell fest, wie schwer das zu meistern ist.

Theo Heiden, von Natur neugierig, hat bereits mehr als ein halbes Jahr nach Buddhas Lehre zu leben versucht. Sehr schnell wurde ihm klar, dass der Achtfache Pfad ein sehr steiniger Weg ist. Insbesondere die Meditation und Versenkung, die ein wesentliches Element des Dharma, der heiligen Lehre, ist, stellte ihn vor unlösbare Probleme. Die karmischen Kräfte zu überwinden und den Kreislauf von Werden und Vergehen zu verlassen und Nirwana zu erreichen, ist vermutlich nur Heiligen möglich.

Da der Weg so steinig ist, werden die meisten aufgeben.

Vermutlich war so ein Leben, wie es Siddhartha führte, nur in früheren Zeiten möglich. Das glaubte jedenfalls Theo Heiden. Siddhartha, der spätere Buddha, hat als Königssohn ein privilegiertes Leben geführt und dies aufzugeben, hat ihn sicher auch Überwindung gekostet. Für seinen entbehrungsreichen Weg hat er sogar die Königswürde verschmäht und Frau und Kind verlassen.

In seinen einsamen Jahren hat ihn des Öfteren Mara, der Böse, der Teufel, besucht, um ihn zur Aufgabe zu bewegen. Er widerstand jedoch und blieb seinem Vorhaben treu.

Es wurde weiter berichtet, dass Buddha auch Wunder zur Demonstration und zur Verstärkung seiner Botschaft vollbrachte. Die Parallelen zu Jesus sind unübersehbar und stützen die Annahme, dass Jesus in Kontakt zum Buddhismus, auf welchem Wege auch immer, gestanden haben könnte.

Buddha lehrt:

Unser wahres Heim ist der innere Friede.
Nur durch eigenes Bemühen
kann die Botschaft des Erwachens
verstanden werden.

Als der Buddha in seinem achtzigsten Lebensjahr ins Nirwana einging, dröhnte die Erde und die Weiten des Himmels erfüllte ein Donnern.

Theo Heiden nahm sich für die Zukunft vor, das Problem der Wiedergeburten später eingehend zu studieren. Dieser Vorgang hat außerordentliches Gewicht, ein moralisch/ethisches Schwergewicht. Durch Ablehnung der Wiedergeburten, die es zu überwinden gilt, um das Nirwana zu erreichen, würde der Antrieb fehlen, das Wollen, die eigene Anstrengung.

Weil das so ist, hat Buddha vermutlich die Lehre von der Wiedergeburt vom Hinduismus übernommen.

Um hier Abhilfe zu schaffen, hat Buddha die Wesen, die bereits Erleuchtung erlangt hatten und an der Schwelle des Nirwana stehen, die Bodhisattva genannt werden, ermuntert, anderen, Suchenden zu helfen, Erleuchtung zu erreichen.

Zu den Wiedergeburten kann aber bereits nach flüchtiger Bekanntschaft mit diesem Problem gesagt werden:

Da in den seltensten Fällen ein Leben ausreicht, um einen Ausgleich zwischen den schlechten und guten Taten zu erreichen, ist eine Übertragung des gelebten „Kontos" notwendig, um diesen Ausgleich herzustellen. Es handelt sich also nicht um eine physische Wiedergeburt, sondern um die Übertragung des „Kontos" auf eine andere Person?

Hier greift der gleiche Gedanke wie in der ägyptischen Mythologie. Der Verstorbene wird von Anubis vor den Richter geführt und die Taten in seinem Leben mit dem Gewicht einer Feder verglichen. Geht die Feder hoch, so ist das Ergebnis negativ und die Große Fresserin verschlingt den Verstorbenen. Davor hatten alle Ägypter Angst und so bemühten sie sich, ein einwandfreies Leben zu führen, um in die Unterwelt eingelassen zu werden.

Buddha lehrte seinen Anhängern, bei nicht guter Lebensführung stetige Wiedergeburt und damit immerwährende Leiden.

Dem Christen wird durch Beichte Vergebung durch den Priester zuge-
sagt, der natürlich im Auftrag des Höchsten handelt. Deshalb wird auch immer um Vergebung der Sünden in Gottesdiensten gebetet. Aber, um die eigene Anstrengung zu stärken, darum wird nicht gebetet. Man darf die Gläubigen auch nicht überfordern und womöglich verschrecken, das würde Bei-
tragszahler kosten.

Kirchliche Lehren müssen einfach und verständlich sein. Einige Wunder
und Mysterien sollten nicht fehlen. Auch Ausblicke nach der irdischen
Existenz des Menschen sind nützlich und tröstlich.

In allen geschichtlichen Zeiten hat der Mensch an seinen Tod gedacht
und Bestattungsriten entwickelt. Die zu ergründen, hat die Archäologie
schon immer interessiert und sie hat den Spaten angesetzt.

Manchmal sind es die einzigen Zeugnisse einer Epoche, die Aufschlüsse
über die Lebensweise ihrer Bewohner und ihrem kulturellen Entwicklungs-
stand geben.

Noch immer werden Zufallsfunde gemacht. Sie gehen als Sensationen
in die Weltpresse ein und werden mit großem Interesse auch von sonst wenig an diesen Dingen Interessierten gelesen.

Wer erinnert sich nicht noch an die Entdeckung des Grabes vom Pharao
Tutanchamun, es ging wie ein Blitz durch die Weltpresse.

Heute werden überragende Leistungen auf vielen Gebieten, die die
Menschheit voranbringt, mit dem Nobelpreis gewürdigt und belohnt.

Theo ist der Meinung, dass die Neugier die Menschwerdung beschleu-
nigt und letztlich bewirkt hat. Selbst Tiere entwickeln sich durch diesen
Mechanismus.

Leben ohne Götter

In Europa ist zu beobachten, dass die religiöse Bindung der Menschen an ihre Kirchen im Schwinden begriffen ist.

Das hat sicher auch mit den Weltkriegen der letzten Jahrzehnte zu tun. Diejenigen, die diese Gemetzel überlebt haben, sind an Religion nicht mehr interessiert und müssen das Geschwätz der Pfaffen über den liebenden Vater im Himmel als Verhöhnung empfunden haben.

Auch haben die Kirchen „Seelsorger" in den Krieg geschickt, um den Durchhaltewillen der Soldaten zu stärken. Den Krieg zu ächten, fiel ihnen nicht ein. Die Kirchen haben sich immer korrumpieren lassen.

Noch heute haben Überlebende aus den Kriegen Alpträume und Störungen und finden in ein normales Leben nur schwer zurück.

Außerdem haben die Kirchenvertreter nichts aus den Katastrophen gelernt und segnen noch heute gelegentlich Waffen und Kriegsgerät.

Die in den Kriegen verübten Grausamkeiten haben die religiösen Gelehrten mit einer Gottesferne zu erklären versucht. Ein untauglicher Versuch, zu retten, was nicht mehr zu retten ist.

Die Jugend ist immer weniger bereit, den Priester-Beruf zu ergreifen. In Deutschland ist zu beobachten, dass mangels Priester Kirchen geschlossen werden müssen und anderen Nutzungen zugeführt werden. Vielfach werden auch Kirchengebäude, die nach dem letzten Krieg neu errichtet wurden, abgerissen.

Nach der Wiedervereinigung Deutschlands sind viele, insbesondere Jugendliche, hinzugekommen, die naturwissenschaftlich ausgebildet und interessiert sind und deren Interesse an religiösen Dogmen und kirchlichen Lehren und Leben eher gering ist.

Die rasante technische Entwicklung der letzten Jahrzehnte hat das Interesse an den Naturwissenschaften erheblich gefördert. Die Jugend ist eher am Darwinismus als an religiösen Spekulationen interessiert. Und Wunder, wie sie die Religionen brauchen, werden belächelt und rufen Kopfschütteln hervor.

Es ist offensichtlich, dass mittelalterliches Denken die kirchlichen Lehren bis heute prägen, damit können die wenigsten noch etwas anfangen. Ein Maßstab für Veränderungen sind die vielen, die der Amtskirche den Rücken kehren und aus dem Verein ausgetreten sind.

An der Situation der Menschen hat sich und wird sich in absehbarer Zeit nichts ändern. Er wird nach einer gewissen Zeit ungern sterben und das macht ihm auch weiter zu schaffen. Es ist auch für den einzelnen tröstlich, dass dies ein allgemeines Schicksal ist und deshalb immer mehr akzeptiert wird.

Goethe, der gern zitiert wird, sah das Göttliche in der Natur verwirklicht. Ernst Jünger, der über 100 Jahre alt geworden ist, antwortete auf die Frage, was nach dem Tod kommt: Gar nichts, es ist das endgültige Ende!

Das ist immer wieder schwer zu akzeptieren und in allen Kulturen hat der Mensch nach Auswegen gesucht. Das ist auch Theos Problem. Beerdigungen, die mit zunehmenden Jahren immer häufiger auf ihn zukamen - erst die Eltern, dann gute Freunde, einige Verwandte -, bereiteten ihm stets Unbehagen.

An ein späteres Paradies mochte er nicht glauben, es ist zu unbestimmt und zu einfach gestrickt, einfach spekulativ. Da hatte die Lehre des Buddha einen eigenen Reiz, nämlich einen Zustand zu erreichen, der schon zu Lebzeiten die Möglichkeit der Befreiung eröffnet.

Um ein klares Verständnis der Wirklichkeit hat sich Theo eigentlich immer bemüht, eine Voraussetzung für die Befreiung vom Leiden und dessen Überwindung.

Wobei zu beachten ist, so versteht Theo jedenfalls die Gedanken des Siddhartha, dass die Leiden, die die Menschen sich zufügen oder sich aus ihrem Zusammenleben ergeben, leichter überwindbar sind, wenn er sich in Gelassenheit übt und seine Emotionen auf den Prüfstand stellt. Sicher ist es für Menschen aus dem westlichen Kulturkreis nicht möglich und sinnvoll, den totalen Verzicht zu üben, den man bei streng lebenden Buddhisten und Hinduisten beobachten kann. Aber einiges, z. B. den übersteigerten Verbrauch der westlichen Welt an den immer knapper werdenden Ressourcen unserer Erde, sollte er überdenken. Sollte es nicht möglich sein, die Gedanken von Buddha aufzugreifen und in seinen Lehren eine Antwort auf die essenziellen Fragen der Menschen zu finden und damit auch auf seine eigenen Probleme?

Die gegenwärtige Entwicklung der Menschheit könnte sich als Irrweg erweisen. Das ungebremste Bevölkerungswachstum wird schon in kurzer Zeit zu großen Problemen führen.

Die Religionsstifter vergangener Zeiten, die noch von „mehret euch" sprachen, lebten zu einer Zeit, als die Weltbevölkerung nur einige zehn Millionen Menschen betrug. In heutiger Zeit hätten sie solche Aufforderung sicher nicht mehr verkündet.

Aber immer noch weigern sich religiöse Führer, eine Empfängnisverhütung zuzulassen, eine völlig unverständliche Haltung.

Das ist auch kein Wunder, die Folgen solchen Verhaltens müssen sie auch nicht bewältigen, damit dürfen sich die Zivilgesellschaften abplagen.

Deshalb müssen Religionen immer mal auf den Prüfstand. Dogmen können unmöglich über Tausende von Jahren Bestand haben, das ist lächerlich. Man denke nur an die Behandlung des Galilei und an die Verbrennung des Giordano Bruno. Hier zeigt sich Religion als verbrecherische Macht und Institution, die sich unbelehrbar, unduldsam und grausam zeigt.

Schon vor langer Zeit hat sich Theo wiederholt dazu geäußert: „Ein Segen ist es, nicht in dieser Zeit, der Zeit der Intoleranz, gelebt zu haben".

Diese Zeit trägt zu Recht den Beinamen – das finstere Mittelalter.

So unbefriedigend auch Religionen sein mögen, für viele Menschen haben sie etwas Beruhigendes. Sie können sich an etwas klammern und sei es noch so unbestimmt und spekulativ. Sie meinen, mit dem bisschen Leben hier auf Erden kann es das nicht gewesen sein, es müsse ein tieferer Sinn dahinter verborgen sein.

Theo Heiden dachte hierbei an seine Stiefmutter Lotti, eine herzensgute Frau und tiefgläubig. Sie gehörte der Glaubensgemeinschaft der neuen Apostel an.

Sie erzählte ihm, dass der damalige Stammapostel, ein Herr Bischoff von der Neuapostolischen Kirche, behauptet, er würde nicht sterben, weil er überzeugt war, dass Jesus noch zu seinen Lebzeiten wieder auf die Erde kommen würde. Herr Bischoff war damals bereits 80 Jahre alt. Theo hat das natürlich angezweifelt und als Humbug abgetan. Als der Stammapostel dann 1960 doch gestorben ist und begraben wurde, war das für unsere Lotti kein Problem. Sie akzeptierte die Erklärung des Nachfolgers: Der Herrgott hätte es sich eben anders überlegt, Gott hat aus unerforschlichen Gründen seinen Willen geändert! Gottes Mühlen mahlen im Geheimen, für die Menschen nicht nachvollziehbar.

Mit dieser Erklärung kann man natürlich jede gegenteilige Meinung erschlagen.

Das nennt man unerschütterliches Gottvertrauen. Das sollte man den Menschen auch nicht nehmen und sie verunsichern.

Theo hat danach nie wieder Religiöses ins Gespräch gebracht und über diesen naiven Glauben gelästert.

Insgeheim konnte Theo solche Menschen beneiden ob ihres naiven Glaubens. Es plagen sie keine Zweifel und sie sterben ganz ruhig.

Die Oma Katharina seiner Frau z. B. lebte mit Bibelsprüchen. Zu vielen häuslichen Tätigkeiten hatte sie den passenden Bibelspruch parat. Beim Buttern, sie lebten auf dem Lande, z. B. sang sie immer, im Rhythmus des Drehens: „Großer Gott wir loben dich …“. Sie war hilfsbereit und gütig und gab was sie konnte, auch gegen den Willen ihres Ehemannes, wie die heilige Elisabeth von Thüringen. Kurz nach dem Kriege brachte sie den noch verbliebenen ehemaligen Gefangenen durch ihre Enkelin Irmgard, Theos späterer Frau, Essenspakete in das nahe gelegene Kötterhaus, wo diese wohnten. Sie warteten manchmal schon ungeduldig und waren jedes Mal hocherfreut, wenn sie den blonden Schopf der kleinen Irmgard mit den Broten in der Schürze in der Ferne auftauchen sahen.

Als Oma Katharina dem Sterben nahe war, gelang ihr noch das vollständige „Vater unser …“ aufzusagen und sie verstarb in ihrem angestammten Sessel ganz friedlich.

Die Oma Katharina lebte in den Gesprächen der Familie weiter, nicht durch einen aufwendigen Totenkult und Grabstättenbesuch.

Beneidenswert, solche guten Seelen. Für Theo ist das ganz unmöglich, er muss alles hinterfragen und auf Plausibilität überprüfen, anders geht es nicht. Das ist sein Schicksal, so ist es, da kann man nichts machen. Darüber war er sich voll im Klaren. In einer Art Selbstbespiegelung verfasste er vor langer Zeit ein Gedicht, das diesen Gemütszustand treffend wiedergibt. Unter diesem Gesichtspunkt fand er den Buddhismus interessant, er benötigt keine Götter und machte neugierig.

Schließlich geht es auch um eine Wertediskussion und dabei ist ein übernatürliches Wesen wie ein Gott nicht erforderlich. Der Mensch kann als schönstes Erleben das Geheimnisvolle für sich entdecken. Und es ist nicht so sehr das Wissen, das sowieso immer unvollkommen bleibt, sondern das sich Wundern und Staunen, das er sich bewahren sollte. Das kann eine religiöse Erfahrung und Empfindung sein, die Schönheit des Universums.

Theo nutzte jede sich bietende Gelegenheit, das in der Nähe befindliche Planetarium zu besuchen, weil am Schluss ein Blick durch den Refraktor möglich war. Hier bekam er erstmals einen Eindruck von der Schönheit des Universums, von den interstellaren Wolken und den galaktischen Nebeln in seinen unterschiedlichen Formen. Der Blick in den gestirnten Himmel vermittelt ein erhabenes Gefühl und ein immerwährendes Staunen.

Was sagt der Philosoph Kant zu diesem Phänomen:

„Der gestirnte Himmel über mir und das moralische Gesetz in mir.“

Theo musste zugeben, dass der Blick ins Universum durchaus religiöse Gefühle freisetzen kann, weil es so aussichtslos ist, den Kosmos zu verstehen.

Hat Buddha ähnlich gefühlt, als er sich seine Welt ohne Gott vorstellte und empfahl, sich auf sich selbst zu konzentrieren und Spekulationen mit Überirdischen zu vermeiden?

Mit der Konstruktion des Nirwanas vermeidet er Spekulationen und nimmt die Furcht vor dem Nichts, vor dem vollständigen Verlöschen.

Neben dem Buddhismus, der eigentlich keinen Gott oder Götter kennt, wird von Vielen, die sich nicht festlegen wollen, der Agnostizismus bevorzugt. Diese Vertreter sind in den Augen von Theo Heiden die ehrlichsten. Sie sagen, ich weiß es nicht, ob es einen Gott gibt.

Es kann sein, es kann aber auch nicht sein.

Da es keinen Beweis für einen Gott gibt und geben kann, lassen sie diese Frage unbeantwortet. Da sie sich nicht festlegen, werden sie von Gläubigen auch als Atheisten angesehen. Das ist sicher falsch, denn die sogenannten Gläubigen haben ebenfalls keinen Beweis für die Existenz eines Gottes. Letztes Endes ist doch diese Frage reine Spekulation, warum sollte man sich daran beteiligen.

Mit dem Agnostizismus könnten eigentlich alle Menschen leben.

Aber fragen wird der Mensch sein Leben lang, Fragen an die Natur, sonst würde es keine Forscher und Entdecker geben.

Manche Menschen haben einen derartigen Forscherdrang, dass sie kein normales Leben führen können, um ihrem gesteckten Ziel näher zu kommen.

Unvorstellbar, alle Fragen würden beantwortet, der Mensch hätte keine Fragen mehr an die Natur! Es wäre sein Untergang, sein endgültiges Ende. Sehr wahrscheinlich würde sich die Gattung Mensch selbst auslöschen. Während des Ost-West-Konfliktes stand die Menschheit schon einmal kurz vor dem Absturz.

Fragen

Als kleiner Junge war ich ein schreckliches Kind,
ich konnte fragen und dachte geschwind,
warum hat man das so und nicht anders gemacht
und warum hat dieser über dies denn gelacht.

Mit warum bin ich scheinbar geboren,
damit ließ ich keinen ungeschoren,
mit warum bin ich früh aufgewacht
und mit warum schlief ich ein in der Nacht.

Als andere schon Antworten gaben,
hatte ich immer noch sehr viele Fragen,
wie können sie alles schon wissen
und die vielen Fragen vermissen.

In mittleren Jahren war es noch schlimmer,
die Fragen wurden komplexer, aber auch dümmer,
ich muss es doch wissen, als ob unter Zwänge
ich die Antwort durch Fragen verdränge.

Gleichsam, als ob aus fremderem Munde
die Antworten geben genehmere Kunde,
war es Flucht vor der eignen Courage
und ausweichen in eine weitere Frage?

In späteren Jahren, nicht über Nacht,
hab ich dann die eigenen Fragen bedacht,
die Antworten schienen gar nicht mal schwer,
nur für die Fragen war es schon so lange her.

So bin ich immer hinter der Zeit
und manche Frage tut mir auch leid,
aus meiner Haut komme ich nicht
wie einst Sokrates vor dem Scherbengericht.

Mich treibt die Neugier auch heute noch an,
traurig, dass man nicht alles wissen kann,
ein Bruchteil der Wahrheit vielleicht,
nur ein Körnchen von der Ewigkeit

Mit Gewissheit werde ich fragen
bis in meine letzten stillen Tage,
bleibt mir auch manche Antwort versagt,
ich habe danach gefragt.

Die Frage nach dem wahren Gott, um die gegenwärtig heftig und blutig gerungen wird, wäre gegenstandslos, wenn der agnostische Gedanke sich durchsetzen würde. Die Welt wäre friedlicher und ihre Ressourcen könnten statt in Kriegsgerät zum Wohle der Menschen eingesetzt werden.

Wie es aussieht, hat diese Vorstellung gegenwärtig wenig Chancen, angenommen zu werden. Die Kirchen würden sich vehement dagegen sträuben, da sie damit ihre Macht und Pfründe aufgeben müssten. Viele Menschen würden arbeitslos. Es wäre ein Prozess, der mehrere Generationen beschäftigen würde.

Die beharrenden Kräfte würden nicht so schnell aufgeben und auf ihre in der Zukunft liegenden Chancen warten.

Aus der Geschichte gibt es dazu viele Beispiele.

So hatte Echnaton mit der Einführung einer Art Monotheismus, in dem er den neuen Gott Aton in Gestalt der Sonnenscheibe über alle Götter erhob, mit der Priesterschaft in Theben erhebliche Schwierigkeiten und Ablehnung zu überwinden. Nach seinem Tod kehrte der Nachfolger sofort zum alten Kult zurück.

Lenin und Stalin waren erbitterte Gegner der Orthodoxie und versuchten diese aus den Köpfen der Menschen auszumerzen. Nach dem Ende der Sowjetunion waren wie auf Kommando die alten Strukturen fast in alter Form wieder vorhanden. Die verwahrlosten Kirchen wurden aufs Prächtigste renoviert und die neuen Herrscher dienten sich der Kirchenmacht wieder an. Ein Denken ohne Götter, das hat es in der Geschichte der Menschheit selten gegeben, wenn man vom Schamanismus und Ahnenkult einmal absieht.

Der Mensch stellt doch sein Leben lang Fragen an die Natur, an das Sein und an sein persönliches Sein. Deshalb gelingt es selbst ernannten Propheten immer wieder, Menschen in ihren Bann zu ziehen. Häufig sind es Machtspielchen, die diese Menschenfänger zu ihrem Vorteil nutzen und ihre Anhänger ausbeuten. Besonders in den USA sind diese „Heilsbringer" unterwegs.

Theo ist sich sicher, dass er solchen Angeboten gegenüber immun ist und diese Botschaften als reinen Egoismus durchschauen kann.

Sekten wie Scientology und sonstige abstruse Heilslehren mit ihren selbst ernannten Führern waren ihm schon immer ein Gräuel. Er musste sich allerdings eingestehen, dass manche Lehre seine Neugier hätte wecken können, sein Schutz war dann Distanz und Ignorieren.

Auch auf philosophischem und künstlerischem Gebiet gibt es Autoren, die die Gottesbeziehung der Menschen ansprechen. Einer der bekanntesten ist Friedrich Nietzsche, der in seiner Abhandlung „Also sprach Zarathustra …" zu dem Schluss kam: „Gott ist tot".

Warum? Wir (die Menschen) haben ihn umgebracht. Theo verstand das so: die Menschen leben nicht mehr (oder noch nie) nach moralischen Prinzipien und können somit auch keinen Kontakt zu einem Gott herstellen. Dieser soll und muss als höchste Instanz anerkannt und respektiert werden. Also ist er tot, er wird nicht mehr gebraucht.

Beim Studium der Schriften von Nietzsche fielen Theo gewisse Parallelen der Argumentation zum Buddhismus auf. Für Nietzsche war der Buddhismus die einzige positivistische Religion, die die Geschichte hervorgebracht hat. Deshalb wollte er der Buddha Europas werden, aber ein Gegenstück zum indischen. Er sagt:

„Unheimlich ist das menschliche Dasein und immer noch ohne Sinn."

Der Sinn der Menschen ist seine Metamorphose zum *Übermenschen*. Der sogenannte *Übermensch* könnte nach seiner Auffassung der neue Sinn sein. Der Übermensch entsteht morphogenetisch, also er entwickelt sich in solcher besonderen Weise.

Dies könnte der Erleuchtete in Buddhas Lehre sein. Denn auch dieser benötigt übermenschliche Stärke, um diesen Status zu erreichen. Weitere Passagen in Nietzsches Gedankengut lehnen sich an die Lehre Buddhas an.

Auch wenn die Welt keinem göttlichen Endzweck zustrebt, geht Nietzsche von der ewigen Wiederkehr des Gleichen aus, alles Geschehen hat sich bereits unendlich oft wiederholt.

Auch die moderne Wissenschaft tendiert in diese Richtung. Die Natur ist einfach aufgebaut und lässt sich mit einfacher mathematischer Formel beschreiben. Ihr Formenreichtum ergibt sich aus immerwährender Rückkopplung in Verbindung mit der langsam verlaufenden, alles verändernden Evolution, die durch Mutationen ausgelöst werden.

Die Rückkopplungen verlaufen etwa nach folgendem Schema:

$$M = M^2 + C$$

Beobachten lässt sich das an den verschiedensten Erscheinungen in der Natur. Zum Beispiel an Verzweigungen im Geäst der Bäume und Sträucher, an Schneeflocken, an der Kristallisation, an Farbmustern usw. Die gleichen Formen erscheinen in immer kleineren Ausfertigungen, bis zu winzigen atomaren Strukturen, ein erstaunlicher Vorgang. Möglicherweise gelten diese Prinzipien auch in ganz großem Maßstab des Kosmos. Es ist die ewige Wiederkehr und das Ordnungsprinzip der Natur schlechthin. Ein Schöpfergott ist dazu nicht erforderlich.

Ist das nicht auch eine Anlehnung an die Wiedergeburten des Buddha? Hegel sagt:

„Buddhismus ist die Religion des Insichseins, werft die Götter beiseite!"

Goethe hat sich verschiedentlich zu Religionen und Glauben geäußert. Zum Christentum hatte er eher eine gespaltene Beziehung, um nicht zu sagen eine ablehnende Haltung eingenommen. Er sah das Göttliche in der Natur, nach seinem Verständnis war er ein Pantheist.

Die Vorstellung des Göttlichen, das sich in allen Dingen unserer Welt offenbart, geht auf den niederländischen Philosoph Baruch de Spinoza zurück. Dieser setzt Gott mit Natur und Kosmos gleich. Gott ist in Allem.

Anfänglich wurden die Pantheisten verdächtigt, atheistischem Gedankengut anzuhängen. Das ist verständlich, denn sie kennen keinen persönlichen Gott, er offenbart sich in Allem. Man könnte auch sagen, sie bewundern die Welt mit ihrer Vielfalt und ihren Rätseln. Das widerspricht natürlich der Auffassung von einem persönlichen Gott, den man durch Gebete anspricht.

Theo ist überzeugt, dass es keinen Grund gibt, die Existenz eines Gottes anzunehmen.

Ein kluger Kopf hat das so formuliert:

Juden, Christen und Moslems führen ihre Religion auf den Gott Abrahams zurück. Weshalb hat der gemeinsame Gott seine Propheten nicht angewiesen, eine einheitliche Religion zu verkünden und damit den Hass aufeinander zu vermeiden. Damit ergibt sich notwendigerweise, dass diese Religionen menschlichen und nicht göttlichen Ursprungs sein müssen.

Im Übrigen ist es so, dass die Eigenschaften eines Gottes nicht klar formuliert, eher widersprüchlich, spekulativ und den jeweiligen Erfordernissen der „Gottesdiener" angepasst werden. Im Mittelalter gab man ihm schreckliche Züge, um die Gläubigen zu manipulieren und ihnen Angst einzujagen.

Das Strafgericht mit all seinen Schrecken wurde in den Kirchen verkündet und bildlich dargestellt, wenn der arme Mensch den Anweisungen der Priester nicht nachkam.

Wer schon einmal in Pisa war, der sollte sich den Camposanto Monumentale, ein mittelalterlicher Friedhof neben dem Ensemble aus Schiefer Turm, Baptisterium und Dom, ansehen. Auf den dort gezeigten Fresken kann der arme Sünder ablesen, wie es ihm einst gehen wird, wenn er sich nicht an die Vorschriften des Klerus hält. Alle möglichen Marterformen, die sicher auch zu dieser Zeit angewendet wurden, werden ihm in der Hölle vorgeführt.

Da werden die Sünder gevierteilt, ertränkt, enthauptet, erhängt und gemartert - schöne Aussichten in der christlichen Welt, halleluja!

Den Pantheismus-Gedanke würde Theo nicht grundsätzlich ablehnen, weil er nicht umhin kommt, die Großartigkeit der erkennbaren Welt zu bestaunen, ihre riesigen Ausmaße und die unvorstellbaren Kräfte, die in ihr walten. Da es offensichtlich ist, dass es nicht sehr viele Möglichkeiten gibt, das Dasein des Menschen und dessen Sinn in dieser Welt zu erklären, werden Varianten erdacht, um Neues zu gestalten.

So hat Mohammed die jüdische Geschichte, das *Alte Testament*, in seinen Kanon aufgenommen und mit seinen Vorstellungen ergänzt. Wobei davon vieles sich als eine Variante zum *Neuen Testament* der christlichen Lehre darstellt.

Auch bei Komponisten spielen Variationen eine große Rolle. Brahms war ein Meister der Variationen, Beethoven ist bekannt für seine Variationen „Die Wut über den verlorenen Groschen", wobei er die eigene Komposition variiert. Variationen als Ausweg der begrenzten Möglichkeiten, die sich den Menschen gegenwärtig bieten?

Ein kluger Kopf hat einmal gesagt, wenn ich die Buchstaben unseres Alphabetes unendlich oft variiere, kommt u.a. auch Goethes **Faust** zum Vorschein. Und auch alle anderen jemals gedachten Gedanken.

Auf den geisteswissenschaftlichen Gebieten ist es schwer, neue Ideen zu entwickeln, noch nicht dagewesene Gedanken hervorzubringen. Da das aber bei vielen aus beruflichen Gründen manchmal notwendig oder aus Eitelkeit für sinnvoll gehalten wird, greifen so manche Autoren auf fremdes geistiges Eigentum zurück. Sie plagiieren und werden nicht selten des Diebstahls überführt.

Politiker machen davon gegenwärtig verstärkt Gebrauch, um ihr Ansehen und ihre Reputation zu heben. Hohn und Spott ist der Lohn, wenn ihre Machenschaften aufgedeckt werden.

Auf der Suche nach dem Sinn des Lebens hat Theo die bereits gedachten Möglichkeiten vergangener Geistesgrößen zu nutzen gesucht. Er war sich nicht sicher, ob er nun erkenntnisstark aus diesen Studien hervorgegangen ist oder nach Goethe „*So klug als wie zuvor ...*" zurückgeblieben ist.

Vielleicht gibt es eine Antwort dann, wenn zu den Überlegungen und Studien körperliche Anstrengungen dazu kommen. Das heißt, Körper und Geist zusammenspannen und als Einheit die entscheidenden Erfahrungen machen.

Was liegt näher als in andere Philosophien, z. B. in die asiatische Geisteswelt, einzudringen, die den meisten Europäern noch fremde Welt sich zu erschließen.

Theo hatte zwar schon einige asiatische Länder bereist, dies aber nur, um die kulturellen Errungenschaften dieser Länder näher in Augenschein zu nehmen.

Dabei kam er natürlich mit dem Buddhismus in Berührung.

Er gestand sich aber ein, dass diese Reisen ihm diesem Gedankengut nicht nähergebracht haben. Deshalb nahm im Laufe der Zeit der Gedanke Gestalt an, eine Reise zu unternehmen, die ganz auf die spirituellen Bedürfnisse gerichtet ist.

Da käme zum Beispiel eine Reise zum **KUMBH MELA** in Indien in Frage. Das Fest des Kruges, das größte Fest des hinduistischen Glaubens und weltweit das größte Fest überhaupt.

Hier wird die Legende des *Quirlens des Wassers* gefeiert. Danach haben die Götter und Dämonen am Anfang der Zeit mit Hilfe der Schlange Vasuki und des Götterberges Meru den Ozean gequirlt, um den Nektar der Unsterblichkeit herauszufiltern. Das Ganze findet an der Mündung des Ganges statt und mobilisiert Millionen von Pilgern, die dort ein rituelles Bad nehmen.

Das Fest mit dem Bad symbolisiert das ständige Streben der Menschen nach Wissen und Erkenntnis.

Eigentlich ein reizvoller Gedanke, ein solcher Brauch und durchaus modern in seinem Inhalt. Aber die Wirklichkeit sieht leider anders aus. Nach näherer Betrachtung musste dieses Vorhaben verworfen werden, weil Bilder dieser unübersehbaren Menschenmenge Angst und Beklemmung auslösten.

Man sah das Wasser vor lauter Menschen nicht mehr. Man stelle sich vor, die Menschenmenge einer Großstadt wie Berlin oder Paris in einem Flussdelta!

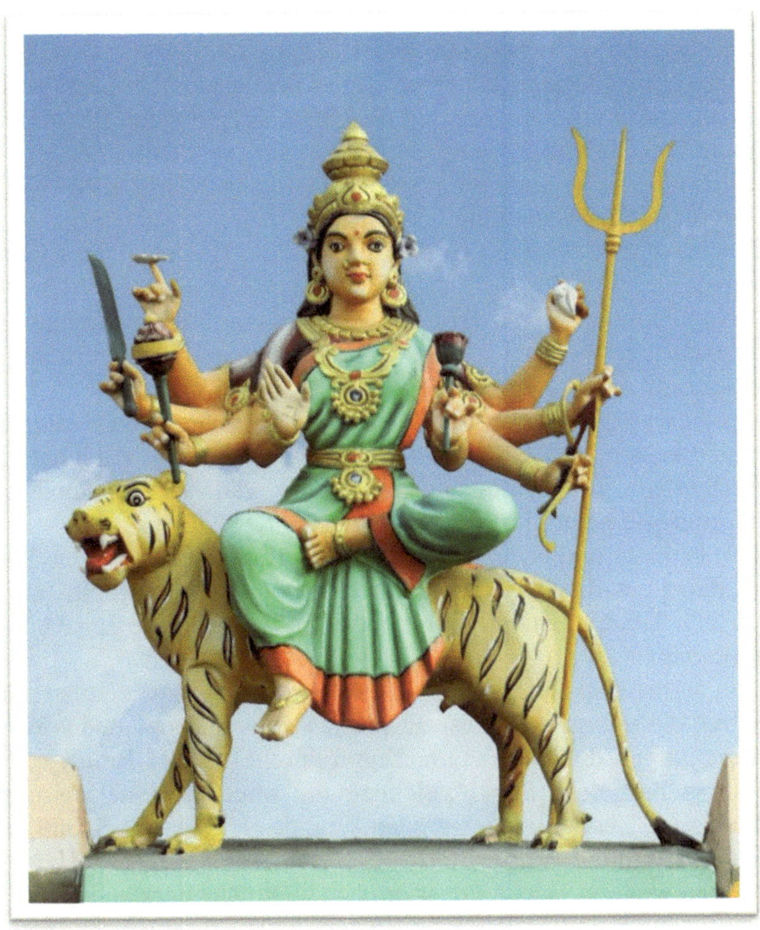

Die Göttin Amman

Außerdem mochte Theo den Hinduismus nicht. Das ungerechte Kastenwesen, in denen die Menschen lebenslang gefangen sind, ohne Hoffnung, dies zu überwinden. Dann die vielen Götter, die an die Antike erinnern, entsprechen nicht den europäischen Vorstellungen, sind fremdartig. Das sollte es ja eigentlich auch, aber das würde ein Europäer nicht verstehen und hätte wenig von einer Begegnung mit dieser Kultur und Religion.

Nein, es müsste individueller sein, kein Massenauftrieb, bei dem man eventuell totgetrampelt wird, falls Panik ausbricht.

Es müsste eine Orientierungsreise mit Gleichgesinnten sein. Nicht besonders anspruchsvoll, ein Einstieg für Laien, überwiegend für Augen und Ohren und für die Füße.

Der Einstieg sollte auch nicht solche Tiefe entwickeln, dass man nicht mehr aus dieser Geisteshaltung herausfindet.

Der asiatische Kulturkreis ist den Europäern erst relativ spät zugänglich geworden.

Als Napoleon mit seinen Truppen vor den Pyramiden in Ägypten stand, war die asiatische Welt nur wenigen Abenteurern und Forschern in groben Zügen bekannt.

Einer dieser Forschungsreisenden war der Schwede Sven Hedin. Dieser war Theo bereits in früher Jugend bekannt geworden. Sein Vater hatte einen Reisebericht von S. Hedin in seinem Bücherschrank stehen, den Theo mit großem Interesse gelesen bzw. verschlungen hatte.

Hedin bereiste und erforschte Zentralasien und entdeckte den Transhimalaya, dabei u.a. die Quellen der großen Ströme Indus, Brahmaputra und Sutlej. Auch Tibet, das lange Zeit unbekannt war, gehörte zu seinem Forschungsgebiet.

Hedin war anfangs noch mit Mauleseln unterwegs, später auch mit dem Auto durch die Mongolei gereist. Er schrieb sehr spannend und konnte insbesondere junge Leser begeistern. Durch die vielen Bild-Beiträge, er war wohl ein guter Fotograf und Zeichner, die seine Berichte auszeichnen, machte er seine Leser mit der fremden Welt des Himalaya bekannt.

Hedin war um die Wende zum 20. Jahrhundert unterwegs. Theo erfuhr durch Lesen weiterer Bücher, dass er nach heutigem Verständnis ein Bestseller-Autor war und von Königen, europäischen wie orientalischen Herrschern eingeladen und hofiert wurde. In der Popularität konnte er es mit Livingstone, Amundsen und anderen Forschungsreisenden aus dieser Zeit durchaus aufnehmen.

Theo Heidens Reise nach Tibet zum heiligen Berg Kailash

Endlichkeit

Theo war immer offen für neue und andere Ideen. Die Lehren des Buddha, die zunehmend in der westlichen Welt diskutiert werden, haben auch sein Interesse geweckt. Die Beschäftigung mit den Gedanken des Siddhartha Gautama machte ihn neugierig und weckte Reiselust in ihm.

Seine Gedanken bewegten sich in Richtung Himalaya, Nepal und in die Heimat des Buddha.

Theo Heiden hat verständlicherweise in der westlichen Welt ein Wesen, einen Bodhisattva, der ihn hätte in die Lehren des Buddha unterweisen können, nicht gefunden. Vielleicht gibt es sie, wer weiß, vielleicht auch nicht.

Es keimte daher in ihm langsam der Wunsch, die Heimat des Buddha zu besuchen und so die Atmosphäre einzufangen, die ihn zu seiner Lehre geführt hat.

Wenn der Mensch älter wird, kommt ihm die Endlichkeit seiner Existenz zum Bewusstsein. Er musste erleben, dass Gleichaltrige, die ihm nahestanden, sich bereits von dieser Welt haben verabschieden müssen.

Es ist jedes Mal wieder traurig, aber unerbittlich.

Häufig möchte man sich noch einen Wunsch erfüllen, den Abschied von dieser Welt persönlich gestalten.

Alfredo, Einwanderer aus Italien, oder einfach in jungen Jahren in Deutschland hängen geblieben, wusste schon lange von seiner tödlichen Krankheit. Gerade hat er sich wieder seiner im gleichen Haus wohnenden Frau angenähert und war auf gutem Wege, da bricht die Krankheit erneut aus. Er ahnte wohl das Ende, wollte aber noch einmal die geliebte Radtour mit seinen ihn über Jahre begleitenden Radfreunden mitfahren. Diese planten eine Zwei-Tagestour mit einer Distanz von etwa 100 km, d. h. 200 km in zwei Tagen.

Keiner der Mitfahrer ahnte in Wahrheit, wie kritisch es um ihn bestellt war. Zu allem Übel brannte die Sonne unbarmherzig vom Himmel, die Temperaturen bewegten sich um 35°C und darüber. In den Pausen, die etwa alle 10 km eingehalten wurden, sah man ihn abseits der Gruppe, wie es so seine Art war. Als Raucher sonderte er sich immer etwas abseits von den anderen ab, wohl um die Nichtraucher nicht zu belästigen.

Er gab sich unauffällig, fuhr das nicht sehr schnelle Tempo der Gruppe scheinbar ohne Mühe mit. Gegen Mittag, bei der größten Hitze, legten sich schon einige der Frauen ins kühle Gras um auszuruhen. Er saß nur still daneben.

Am Zielort verschwitzt und sichtlich kaputt angekommen, begaben sich alle auf ihre Zimmer. Nach etwa einer Stunde versammelten sich alle zum Abendessen. Alfredo kam nicht herunter, sodass eine Radfreundin geschickt wurde, ihn zu holen. Er kam dann mit herunter. Jetzt sahen aber alle, in welchem schlechten Zustand er sich befand. Er aß kaum etwas und wirkte abwesend. Danach zog er sich in sein Zimmer zurück und ließ sich an diesem Abend nicht mehr sehen. Die anderen nutzten noch die im Hause befindliche Kegelbahn, um den Abend ausklingen zu lassen.

Am nächsten Morgen saß die Gruppe beim Frühstück, an dem auch Alfredo teilnahm. Es schien, als ob er sich während der Nacht sichtlich erholt hätte, aber er äußerte sich nicht und keiner der Anwesenden mochte ihn nach seinem Befinden befragen.

Die Rückfahrt gestaltete sich ähnlich der Hinfahrt. Es wurde wieder sehr heiß, sodass der Radführer die Geschwindigkeit der Gruppe gegen über der Hinfahrt drosselte. Alfredo verhielt sich unauffällig und fuhr im Windschatten am Ende des Feldes. In den Pausen rauchte er nicht und saß still neben den anderen. Aber an deren Unterhaltung beteiligte er sich nicht.

Am Heimatort angekommen verabschiedete man sich und wünschte Alfredo gute Erholung und Besserung seines Zustandes.

Wie später zu erfahren war, begab sich Alfredo schon am nächsten Tag ins Krankenhaus, weil sich sein Zustand sehr verschlechterte. Dort blieb er und verstarb nach weiteren 14 Tagen an Krebs, den er lange verheimlichte.

Man erfuhr später, dass Alfredo sich gegenüber seiner Frau geäußert hatte, dass die Teilnahme an der Zwei-Tagesfahrt ihm sehr wichtig war. Er wusste um seine Krankheit und sah die Fahrt sicher als Abschied vom Leben und von seinen ihn lange begleitenden Radfreunden. Diese gaben ihm Halt, insbesondere, als er sich von seiner Frau entfremdete und er sich einsam fühlte. Die Erfüllung eines letzten Wunsches ist sehr wichtig, sie macht das Sterben leichter.

War er, Theo Heiden, auch schon so weit, sich einen letzten Wunsch erfüllen zu müssen?

Sicher, er hatte das Durchschnittsalter der Männer erreicht, fühlte sich aber noch zu ungewöhnlichen Unternehmungen nicht zu alt. Sein Gesundheitszustand hat sich in den letzten Jahren stabilisiert und so erwachte in ihm wieder die Reiselust.

Theo gestand sich aber auch ein, dass es nicht nur die Suche nach Erleuchtung war, sondern ebenso stark war auch sein Hang zum Abenteuer und zu ungewöhnlichen Unternehmungen. Die Masse der Urlauber mag es nach Mallorca ziehen, ihn nicht. Er brauchte immer neue Eindrücke, die verständlicherweise außerhalb der Touristenströme lagen.

Gern erinnerte er sich, als er mit Dieter vor den Ruinen von Persepolis, der Sommerresidenz der Achämeniden, stand und feststellen konnte, dass sie das ganze Areal für sich hatten. Kein fremder Laut störte die Jahrtausende während Ruhe dieser historischen Stätte. Es war ein erhabenes Gefühl. Es war nicht das erste Mal, dass er mit Wehmut dachte: Ach, hätte er doch Archäologie studiert und könnte sich mit den Ursprüngen der Menschheit und ihren Hinterlassenschaften beruflich befassen.

Ein Trost ist ihm aber geblieben. Im Laufe seines Lebens hat er die wichtigsten historischen Stätten dieser Erde besucht, deren Bevölkerung einen wesentlichen Beitrag zur Zivilisation der Menschheit geleistet hat.

Nach eingehenden Studien und Überlegungen wurde sichtbar, dass es eine Pilgerreise werden würde.

Das Ziel wäre das Land des Siddhartha Gautama, des Buddha, also das Himalaya-Land Nepal.

Neben dem Besuch der Sehenswürdigkeiten Nepals, von denen es eine ganze Menge gibt, stand als Hauptziel des Unternehmens die Umrundung des heiligen Berges Kailash im Zentrum einer solchen Reise. Natürlich war Theo bewusst, dass das Königreich der Sakiya nicht mehr existiert und Städte und Dörfer aus der Zeit um 500 v. d. Z., die der Buddha erwandert hat, ebenfalls nicht mehr. Mehr noch, auch die Bewohner sind sicher andere und ihre damalige Lebensweise auch.

Der Kailash wird als Naturheiligtum verehrt. Warum verehren Buddhisten und Hindus einen Berg und sei es noch so ein spektakuläres Gebilde? Das entzieht sich Theos Vorstellung und auch andere wussten darauf keine Antwort. Es wird die Erhabenheit dieses Berges sein, der eine solche Assoziation vermittelt. Außerdem konnte nicht in Erfahrung gebracht werden, unter welchen Umständen es zu dieser Verehrung gekommen ist.

Es ist nun einmal so, dass Religionen und Philosophien und deren Stifter Kinder ihrer Zeit waren und sind. Aber Gedanken, die die menschliche

Existenz berühren, sind zeitlos. Sie sind auch unabhängig von der technischen und medizinischen Entwicklung. Aus diesem Grunde ist der Kerngedanke Buddhas, das Leidhafte der menschlichen Existenz und seine Überwindung, bisher immer noch aktuell und faszinierend.

Es war nicht so einfach, einen Veranstalter zu finden, der eine solche Tour planen und durchführen konnte. Aber nach eifrigem Suchen, auch im Internet, fand sich schließlich ein Spezialveranstalter. Dieser war bereits an allen möglichen und unmöglichen Orten der Erde unterwegs, z. B. Trekking durch die Atacama-Wüste und vieles mehr.

Theo fand nach Durchforsten seines Bekanntenkreises einen mutigen Mitreisenden, mit dem er bereits einige Urlaubsunternehmungen durchgeführt hatte.

Er heißt Dieter, auf ihn ist Verlass, das hat er auf der abenteuerlichen Reise durch den Iran bewiesen. Es hat sich gezeigt, dass der Gedankenaustausch über die Eindrücke des Tages wichtig ist und der Mensch einfach jemanden braucht, um darüber zu sprechen. Dieter war sofort begeistert von einem solchen Unternehmen. Er hatte zwischenzeitlich fast die ganze Welt bereist. Er war u.a. schon in Indien, aber die Himalaya-Region war ihm noch unbekannt.

Hier muss erwähnt werden, dass Dieter Südindien fluchtartig verlassen hatte. Die Hitze und der Dreck waren so schrecklich, dass er nach Sri Lanka auswich und dort einige Wochen verlebte.

Da Dieters Frau noch berufstätig war, erhielt er die Genehmigung, sich an einer solchen Expedition zu beteiligen.

Auch Theo konnte seine bessere Hälfte davon überzeugen, dass eine reine Männercrew, schon wegen der ungewissen Übernachtungsmöglichkeiten, zweckmäßiger wäre.

Die Gunst der Frauen wollte keiner aufs Spiel setzen, aber gelegentliche Distanz voneinander könnte sich sogar positiv auf die eheliche Gemeinschaft auswirken. Es ist vielleicht wie eine langsam ablaufende Uhr, die immer mal wieder aufgezogen werden muss, d. h. Spannung in die Beziehung bringen.

Nach der Anmeldung wurde eine Teilnehmerliste verschickt. Es hatten sich noch zwei Ärzte aus der Kölner Umgebung angemeldet, sodass die kleine Reise-Gruppe aus vier männlichen Personen bestand. Das war ganz im Sinne von Dieter, denn er reiste gewöhnlich nur mit seiner Frau und mietete sich ein Auto, um sich selbstständig ein Land zu erschließen.

Aus den Reiseunterlagen ging hervor, dass die Tour letztendlich eine Expedition war.

Das war auch zu vermuten, denn es war klar, dass es in dieser Gegend des Himalaya keine gewöhnlichen Verkehrswege, sondern lediglich Pisten und unwegsames Gelände gibt. Bergsteiger-Schuhe, Schlafsack, Taschenlampe und alles, was ein Mensch abseits der zivilisierten Welt so benötigt, musste mitgenommen werden.

Im Herbst traf man sich auf dem Frankfurter Flughafen, von dem alle Fernreisen beginnen. Man fand sich sympathisch und freute sich auf die gemeinsame Unternehmung. Theo war sehr erfreut darüber, dass die beiden Mitreisenden Ärzte waren. Man weiß ja nie, welche gesundheitlichen Probleme auf solch einer Reise eintreten können. Da war es beruhigend, das entsprechende Fachpersonal dabei zu haben.

Die beiden Ärzte waren mittleren Alters, aber sehr unterschiedlich im Körperbau, wie Pat und Patachon, ging es Theo durch den Kopf. Die Größenunterschiede waren enorm, das machte auch den Reiz des dänischen Komiker-Paares aus, die diese Namen in über 55 Filmen, größtenteils noch in der Stummfilmzeit gedreht, trugen. Dieses ungeschickt wirkende Nebeneinander von zwei Personen mit so unterschiedlichem Körperbau verfehlte seine Wirkung beim Publikum nicht.

Der Große war lang aufgeschossen und ziemlich dünn, das war Pat = der Leuchtturm. Der andere gesetzt, etwas dicklich und sicher muskulös, wie sich später zeigte, das war Patachon = Anhänger oder Beiwagen. Sie waren freundlich und lächelten die beiden Freunde an. Sie begrüßten die beiden mit einem festen Händedruck, was Theo besonders sympathisch fand. Nichts ist unangenehmer als ein labbriger Händedruck.

Auf Theos Bemerkung im Hinblick auf den Größenunterschied der beiden, bemerkte Pat, der eigentlich Horst heißt: etwas lästerliche Bemerkungen müssten sie schon ertragen, daran hätten sie sich gewöhnt. Den Vergleich mit dem dänischen Komiker-Paar hörten sie häufig. Sie hätten sich schon mit diesen Typen beschäftigt und auch schon einige historische Filme angesehen.

Durch den Beruf wären sie sich nähergekommen und würden gelegentlich gemeinsam Unternehmungen starten. Sie verstünden sich gut, trotz der ins Auge fallenden Größenunterschiede.

Der Große trug einen gewaltigen Seesack auf der Schulter. Sehr praktisch, ging es Theo durch den Kopf. Er hatte seinen leider zu Hause gelassen, bei seinen Segeltouren hatte er bereits gute Dienste geleistet. Aber egal, der alte Koffer wird diese Reise noch überstehen. Dieter, der kein Segler war, hatte ebenfalls den alten Koffer von der Iran-Reise dabei. Bekleidet waren alle mit derben Anoraks, Jeans und Trekking-Schuhen.

Theo und Dieter waren etwa gleich groß. Beide mittelblond und schlank. Obwohl beide nicht mehr ganz jung waren, zeichnete sie doch noch Unternehmungsgeist und Hang zum Abenteuer aus.

Beide waren der Meinung, solange der Mensch noch neugierig ist und seinen Wissensstand bereit ist zu erweitern, solange nimmt er noch aktiv am Leben teil. In diesem Zusammenhang erinnert er sich gerne an den Physiker Max Planck und den Pianisten Horowitz. Beide erreichte das sogenannte biblische Alter.

Allen voran natürlich Johannes Heesters, eine Ausnahmeerscheinung unter den Menschen, der mit über einhundert Jahren noch auf der Bühne stand.

Der Himalaya-Staat Nepal

Der Flug ging über Bangkok, der internationalen Drehscheibe für Reisen in
den Fernen Osten. Der Aufenthalt war nur kurz, dann ging es weiter nach
Kathmandu, der Hauptstadt Nepals. Schon im Anflug sahen die Reisenden
das weiße Band des Himalaya in der Ferne leuchten. Kathmandu liegt auf
1400 m NN.

Der Aufenthalt im Kathmandu-Tal war mit einer Woche eingeplant. Der
Flughafen war relativ klein, die Passagiere gingen zu Fuß vom Rollfeld und
wurden am Ausgang, nach der Passkontrolle, von einer Meute dienstbarer
Geister bestürmt. Sie kämpften um jedes Gepäckstück und Theo musste sie
energisch in die Schranken weisen. Besonders ein alter abgemagerter Mann
wurde von den jüngeren ziemlich unsanft zur Seite gedrängt. Theo überließ
ihm schließlich sein Gepäck und entlohnte ihn großzügig, was er an seinen
erstaunten Augen ablesen konnte. War das nur eine der üblichen Gesten,
oder wollte Theo unbewusst sein Karma verbessern? Er äußerte sich nicht
dazu, vielleicht war es ihm nicht bewusst. Nachdem alle ihr Gepäck im Bus
verstaut hatten, fuhr dieser zum Hotel.

Das Hotel liegt im 5 km entfernten Nachbarort Patan am heiligen Bag-
mati Fluss. Patan ist einer der drei Königsstädte Nepals. Patan bildet mit
Kathmandu eine Doppelstadt. Am Ausgang des Flughafengebäudes be-
grüßte der Reiseleiter Herr Ram die Gruppe. Er begleitete sie auch zum
Hotel. Die Reisenden sollten ihn als ruhigen, angenehmen Menschen kennen und schätzen lernen, zumal er auch die deutsche Sprache gut beherrschte.

Das Hotel liegt in der Nähe der Durbar Square, der reichlich mit Tempel-
anlagen bestückten Hauptstraße. Am Eingang der Straße befanden sich, auf
hohen Säulen aufgestellt, zwei Tierfiguren. Die eine stellte Garuda, den heiligen Vogel Vishnus dar. Dieser dient Vishnu als Reitvogel. In der Mythologie wird er in verschiedener Form dargestellt. Mal reitet er allein, aber
auch in Begleitung seiner Gemahlin Lakshmi. Lakshmi ist gleichzeitig die
Göttin der Schönheit und des Glücks. Der Garuda ist auch Namensgeber
für eine indonesische Fluglinie.

Die nächsten Tage waren mit Besichtigungen vollgepackt, sodass, auch
infolge der ungewohnten Sprache, Theo nicht alle Sehenswürdigkeiten im

Gedächtnis behalten hatte. Auch Dieter hatte sich mehr mit der Trekking-tour zum Kailash als mit Städte-Besichtigung beschäftigt. Natürlich ist nicht alles im Gedächtnis verloren gegangen.

Zuerst liefen alle die Durbar hinunter. In einer Parallelstraße entdeckte Dieter einen Andenkenladen. Ehe es sich Theo versah, war dieser schon am Verhandeln. Es ging um eine Shiva-Figur, der tanzende Shiva mit den vie-len Armen. Der Handel zog sich in die Länge, weil keiner nachgeben wollte. Theo kannte das schon von den vorigen Reisen, Dieter gab nicht so schnell auf. Aber irgendwann verlor er das Interesse, wenn er sich mit sei-nen Preisvorstellungen nicht durchsetzen konnte.

Inzwischen hatte auch Theo Interesse an den Auslagen und entschied sich für eine tanzende Maya-Figur von ca. 20 cm Höhe. Maya, die wahre Mutter des Buddha, die bei seiner Geburt starb, eine der leidvollen Ereig-nisse in dessen Leben.

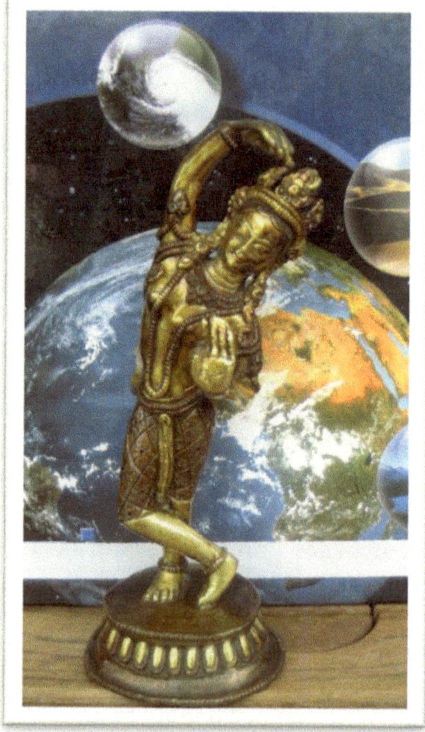

Tanzende Maya

Dann ging es mit dem Bus zur Stupa von Bodnath. Diese Stupa ist weltbekannt. Unter dem Turmaufbau befinden sich die schönen Augen von Buddha, der alles sieht und beobachtet. Im umgebenen Bereich, außerhalb der Begrenzungsmauer, war viel Volk unterwegs. Touristen, die sich mit einheimischen Besuchern mischten und die nicht zu übersehenden Mönche mit ihren roten Gewändern. Auch innerhalb des Mauerringes hielten sich Menschen auf. Diese liefen auf den verschiedenen Podesten herum, bis unterhalb der Augen Buddhas. In diesem ganzen Getümmel hörte man ein Sirren und Poltern der in der Mauer eingelassenen Gebetsmühlen, die von den Vorbeilaufenden in Rotation versetzt wurden. Außerhalb der Mauer lagen Gläubige auf Holzpritschen ausgestreckt im Gebet versunken oder meditierten, man hörte ihr monotones Gemurmel. Mit anderen Worten, es war ein emsiges Treiben auf und um die Stupa herum, die mit vielen Bändern, an denen bunte Fähnchen flatterten, geschmückt war.

Ram gab noch einige Erläuterungen zum Bau der Stupas. Es sind aus Ziegeln gemauerte Turmbauten ohne innere Hohlräume. Außen können Nischen eingelassen sein, in denen Götterstatuen aufgestellt werden, meist Buddha-Statuen. Der religiöse Ritus besteht in der Umrundung der Stupas und dem Drehen der Gebetstrommel.

Priester sind nicht im Einsatz, diese befinden sich nur in den Klöstern. Der Gläubige murmelt Gebetsformeln in ständiger Wiederholung vor sich her. Das sind die Mantras, Merksprüche oder Sinnsprüche. Der bekannteste buddhistische Merkspruch ist:

„om mani padme hum"
das bedeutet:
Oh, du Kleinod in der Lotosblüte

Das Kleinod ist der Erhabene, der Buddha. Dieser wird auch häufig mit der Lotosblüte zusammen dargestellt.

Dieser Spruch wurde noch häufig zwischen den Teilnehmern hin und her geworfen, wenn es mal nicht so klappen sollte. Da der Außenstehende die Sprache nicht versteht, kann er nicht differenzieren und nimmt alles als Gemurmel wahr. Sicher werden auch andere Passagen aus heiligen Schriften zitiert, aber im Wesentlichen werden es bekannte Mantras und Gebete sein.

Ein weiteres Merkmal der nepalesischen religiösen Tradition ist das Anbringen von Gebetsfahnen. Diese werden oft an Stupas angeschlagen, damit sie die Gebete flatternd mit dem Wind forttragen. Auf dem tibetanischen Hochland werden die Fahnen z. B. auf zusammengetragenen Steinhaufen befestigt und dem Wind ausgesetzt.

Als nächstes wurde die Reisegruppe zum Tempelkomplex Swayambhunath geführt. Hier war ebenfalls viel Volk unterwegs, Gläubige und Touristen. Theo drehte eifrig die Gebetstrommeln und Dieter interessierte sich besonders für den Donnerkeil. Diesen soll Shiva nach seinen Widersachern schleudern, wenn er in Wut ist.

Der Donnerkeil ist ein interessantes Objekt. Er ist aus Messing oder einer Legierung, die golden glänzt. Eine hervorragende Arbeit der Schmiede- oder Gusstechnik.

Auch hier waren die Augen Buddhas ein bestechendes Merkmal der Aufmerksamkeit und natürlich die Affen. Der Hügel, auf dem der Tempelkomplex errichtet wurde, wird auch Affenhügel genannt und ist einer der ältesten Anlagen im Kathmandu-Tal.

Als weiteren Höhepunkt der Besichtigung führte Herr Ram die Gruppe zum Tempel- und Verbrennungsplatz Pashupatinath. Da dies ein Hinduistisches Heiligtum ist, hatten Nicht-Hindus keinen Zutritt. Theo gelang es aber, durch das bewachte Tor zu schlüpfen und einen Blick ins Innere zu werfen. Er sah eine große weiße Elefanten-Statue im Hof stehen, es war also ein Heiligtum, das dem Elefantengott Ganesha geweiht war. Ganesha ist einer der populärsten Gottheiten im Hinduismus.

Auf der anderen Seite des Bagmati-Flusses befanden sich die Ghates, die Verbrennungsstätten. Herr Ram führte die Besucher dann auf die andere Seite des Flusses, auf einen Hügel, oberhalb der Ghates. Hier konnte man die Ghates mit den Leichenverbrennungen gut beobachten. Er erzählte, dass den Toten vor der Verbrennung Ganges-Wasser in den Mund geträufelt wurde und sie vom Mund her angezündet werden. Dies wären alles vorbestimmte heilige Riten.

Oberhalb, den Hügel aufwärts, saßen seltsame Gestalten. Der Reiseleiter Herr Ram erklärte auf Nachfrage von Dieter, dies seien Sadhus, heilige Männer, die z.T. bereits Erleuchtung erlangten und auf den Tod warteten. Einige von ihnen würden schon in den kleinen Häuschen neben den Ghates leben, die sich nicht mehr selber helfen konnten. Sie saßen in kleinem Geviert unter den Bäumen, sie beachteten die Leute aus dem Westen nicht und starrten geradeaus, unbeweglich. Sicher waren sie in tiefer Meditation versunken. Sie hatten Haare und Gesicht mit Asche bestreut, die sie weder gewaschen noch die Haare geschnitten hatten. Die Haare waren lang und verfilzt, ein eigenartiges Bild für Leute aus westlichen Ländern. Aber diese Aufmachung gehört zu ihrem Gelübde, das sie sich selber auferlegt haben. Alle Sadhus waren unheimlich mager. Man sah ihnen an, dass sie Asketen waren, die alles Weltliche bereits hinter sich gelassen haben und die Nahrungsaufnahme auf ein Minimum einschränken.

Herr Ram erzählte, dass unter ihnen auch gebildete Männer seien, die plötzlich aus dem zivilisierten Leben aussteigen würden. Sie verlassen ihre Familie und trennen sich von allem, was ihre bürgerliche Existenz einmal ausgemacht hatte und widmen ihr Leben dem Gott Shiva. Diese Vorstellung ist einem im westlichen Kapitalismus lebenden Menschen völlig fremd, der von Gier und immer mehr geprägt ist, dem Reichtum alles bedeutet.

Die Freunde besprachen noch bis in den späten Abend diesen denkwürdigen Tag. Theo und Dieter lehnten den Hinduismus ab. Dieses extreme Leben ist für sie sinnlos. Auch Buddha hat die verschiedenen Extreme ausgelotet und sie schließlich verworfen.

Der Reisende wird in Ländern, die vom Buddhismus geprägt sind, die verschiedenen Buddha-Ausprägungen beobachten können. Der Dickbauch-Buddha, der bis zum Skelett abgemagerte Buddha und der Buddha, der in verschiedenen Haltungen seinen persönlichen Status zeigt. Dazu gehört beispielsweise seine Haltung als Lehrer, als Meditierender, als Entrückter usw.

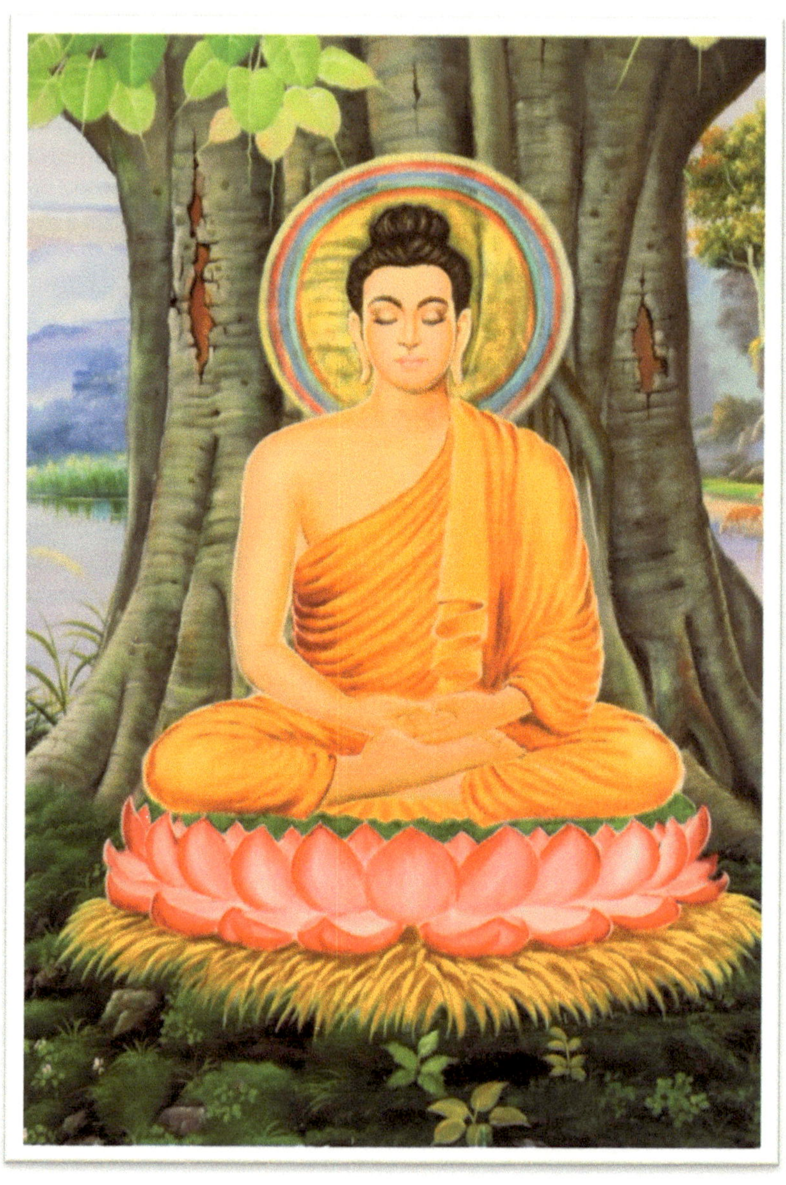

Buddha unter dem Bodhi-Baum

Am vorletzten Tag im Kathmandu-Tal wurde die Stadt Bhaktapur besucht. Es ist nach Kathmandu und Patan die dritte der Königsstädte. Sie ist eigentlich eine Museumsstadt und hat ihren mittelalterlichen Charakter bewahrt. Ram musste für die Gruppe Eintrittsgeld bezahlen. Um den mittelalterlichen Charakter zu unterstreichen (oder für die Touristen), wurden Tiere am Straßenrand zerlegt und zum Verkauf angeboten. Die von Fliegen übersäten Fleischstücke nahmen allen den Appetit. Es wird ein Leben in dieser Stadt demonstriert, wie es in Europa wohl im Mittelalter geherrscht hat. Ram drückte sich unklar aus auf die Frage, ob die Bewohner so leben wollten oder ob sie entlohnt wurden, dafür, dass sie so lebten.

Davon abgesehen, Bhaktapur hat viel zu bieten und ist unbedingt einen Besuch wert. Da sind z. B. die aus speziellem Hartholz gefertigten Bauten und Tempel mit dem Pfauenfenster als eines der vielen Meisterwerke der Schnitzkunst. Die meisten Tempel bestehen aus diesem Hartholz, Steinbauten sind in der Minderzahl.

Mitten im Ort befindet sich ein Wasserbecken, aus welchem sich die Bewohner ihr Wasser holten. Ram erwähnte mit besonderer Betonung und Anerkennung, dass auch die deutsche Regierung einen Beitrag zur Renovierung einiger Tempel geleistet hat. Dies wurde bei einem Besuch des damaligen Bundeskanzlers Kohl vereinbart.

Der letzte Tag war einem Naturerlebnis gewidmet. Sehr früh brach die Gruppe auf. Die Sonne war noch nicht aufgegangen, der Morgen kündigte sich gerade zaghaft an. Es herrschte eine kühle, klare Bergluft und alle atmeten tief durch. Mit dem Bus ging es etwa 50 km in die grüne Bergwelt des Himalaya. Der Bus fuhr auf Pisten, die aus festgefahrenem Lehm und Schotter bestanden. Merklich ging es höher und bald lag die Stadtlandschaft weit unter ihnen. Endstation der Fahrt war ein Gästehaus, in dem ein landestypisches Frühstück bereit stand. Es herrschte eine gelockerte Stimmung und alle waren guter Dinge. An diese Atmosphäre in dem schönen Blockhaus und dem kräftigen Frühstück erinnerte sich Theo später noch gerne.

Als die Sonne höher kam, bat uns der Reiseleiter Herr Ram nach draußen vor die Tür. Dort sahen alle, weshalb dieser Ausflug eigentlich unternommen wurde. Bei klarem Himmel und hellem Sonnenschein, was hier nicht selbstverständlich ist, leuchtete der *Mount Everest* als glitzerndes Juwel in der Ferne.

Vom Mount Everest weht ständig eine weiße Fahne, sodass es aussieht, als ob dort ein Vulkan Rauch ausstößt. Das haben die Europäer in der Frühzeit der Entdeckungen auch geglaubt. Die Einheimischen deuteten es ursprünglich als den qualmenden Gott Shiva, dem dort oben kalt ist und zum Aufwärmen Marihuana raucht.

Durch Reinhold Messner weiß man heute, dass dort oben orkanartige Aufwinde wehen können, diese den Schnee nach oben tragen und dort wegblasen, sodass diese weiße Fahne entsteht.

Die Gruppe war beeindruckt, den höchsten Berg unseres Planeten so klar und deutlich zu sehen.

Nach neuen Messungen ist der Everest 8850 m hoch. Da die Indische Platte weiter nach Norden driftet, dadurch die Himalaya-Region weiter anhebt, sind es jetzt vielleicht schon 8851 m. Alles ist im Fluss, wie es antike Denker bereits vor Tausenden Jahren formuliert hatten.

„Und da ist der Messner ohne Sauerstoff hinaufgestiegen", murmelte Dieter, „diese Kondition müsste man haben".

Die beiden Ärzte schwiegen zunächst nachdenklich.

Doch dann wurde Horst lebhaft. „Wir befinden uns jetzt auf ca. 2000 m NN, unsere Kailash-Umrundung führt uns auf aber auf etwa 5000 m, hoffentlich haben wir uns nicht überschätzt und müssen vorher aufgeben."

„Wir haben alle keine Erfahrung mit dieser Höhe", beschwichtigte Dieter den Wankelmütigen, „es wird schon gut gehen".

Theo meinte: „Jetzt sind wir hier und müssen das Beste daraus machen, ich bin optimistisch und weiter neugierig".

Für Dieter, der noch etwas jünger war, gab es überhaupt keine Zweifel, dass wir das schaffen. Vielleicht wird dem einen oder anderen etwas übel, damit müsse man schon rechnen. Außerdem halten wir uns in dieser Höhe nur wenige Tage auf und könnten danach regenerieren. Theo beendete die Diskussion mit dem Hinweis: „Wenn wir mit geringem Tempo, kleinen Schritten und stetigem Steigen unterwegs sind, werden alle das Ziel erreichen, davon bin ich überzeugt".

Die Expedition zum heiligen Berg Kailash

Die Tage im Kathmandu-Tal waren ausreichend ausgefüllt, sodass die Abende relativ kurz ausfielen. Alle waren nach dem Abendessen müde und suchten schon zeitig ihre Zimmer auf. Der örtliche Reiseleiter Ram ging abends nach Hause zu seiner Familie. Am letzten Abend blieb er etwas länger und informierte über den Fortgang des Unternehmens.

Zuerst würden sie mit dem Flugzeug in den Norden des Landes fliegen. Von dort geht es etwa eine Woche zu Fuß in Richtung tibetanischer Grenze. Dieser Fußmarsch wäre wichtig, um die Höhenanpassung zu ermöglichen. An der Grenze würden sie das Hochland von Tibet erreichen mit Höhen um die 5000 m NN.

Außerdem bat er die Teilnehmer, sich beim deutschen Reiseunternehmen dafür einzusetzen, dass er eine feste Anstellung statt der gelegentlichen Buchungen erhielt. Er hätte zudem auch Kontakte zum Königreich Bhutan und könnte hier eine Vermittlerrolle spielen. Wenn der Verlauf dieser Tage in Nepal den Vorstellungen der Teilnehmer entsprochen hätte, würde er bitten, beim deutschen Veranstalter dies lobend zu erwähnen, um damit dort ein günstiges Klima für sein Anliegen zu schaffen. Es war rührend, wie er sein Anliegen vortrug und alle stimmten zu, an das Unternehmen in seinem Sinne zu berichten. Dann gingen alle besonders früh zu Bett, denn am nächsten Morgen hieß es früh aufzustehen.

Am nächsten Morgen erhielt jeder ein Lunch-Paket und ein Kleinbus brachte die Teilnehmer zum Flughafen. Es ging zu einem regionalen Flugplatz ganz im hohen Westen von Nepal. Hier also beginnt das Unternehmen Kailash. Nicht weit von diesem Platz hatten sich die dienstbaren Hilfskräfte bereits versammelt mit allem, was man so für 10 Tage benötigt. Es war eine stattliche Ausstattung, die hier zu sehen war.

Für Theo war es auf den ersten Blick etwas verwirrend, aber Dieter erfasste alles mit einem schnellen Blick. Er zählte auf: Fünf Pferde, drei Treiber, drei Träger und drei Begleitpersonen wie Führer, Koch und Offizier.

Die Pferde hatten Größen, die zwischen unseren Pferden in Europa und den Ponys lagen. Sie waren alle in guter Verfassung und hatten dunkelbraunes Fell. Sicher waren sie ausdauernd und schnell. Das Personal könnte man ähnlich beschreiben, nur waren sie schwarzhaarig. Den Offizier erkannte man an einer Art militärischer Kleidung und Stiefel, die auch schon bessere

Tage gesehen hatten. Der Führer hatte nur wenige Deutschkenntnisse und sprach vorwiegend Englisch. Er war eine etwas ungepflegte Erscheinung mit schlechten Zähnen, was er mit dem anderen Personal teilte.

Die Pferde waren schon alle bepackt mit allerlei Ausrüstungsgegenständen. Das bedeutete, dass die Pferde nur für den Transport benutzt wurden. Nachdem man sich bekannt gemacht hatte, setzte sich die kleine Karawane in Bewegung. Die Verständigung erfolgte auf Englisch, wobei die Mannschaft untereinander die Landessprache bevorzugte.

Das Marschtempo war nicht besonders hoch und so hatten alle immer mal Zeit, die schöne Landschaft zu genießen. Dieter schätzte die Ausgangshöhe auf ca. 2500 m NN. Genauer konnte das keiner angeben.

Der Pfad war abwechslungsreich, mal ging es durch Tallagen, dann wieder war es hügelig innerhalb der Tallagen, es war alles dabei.

Die Täler wurden begleitet von seitlich hoch aufsteigenden Bergketten, die gegen Abend Schatten warfen. Dann wurde es merklich kühl.

Diese Abfolge sollte sich auch an den anderen Tagen nicht ändern.

Am Abend, nach ca. achtstündigem Fußmarsch, suchte der Führer einen geeigneten Rastplatz/Zeltplatz auf. Man muss sich diesen Platz nicht als definierten Zeltplatz vorstellen. Es wurde einfach ein ebener Platz mit „Wasseranschluss" (Fluss/Bach) gewählt. Die Reisenden gruppierten sich und tauschten ihre Eindrücke des ersten Tages aus. Die Mannschaft baute unterdessen die Zelte auf und der Koch bereitete das Abendessen vor. Es ging alles reibungslos vonstatten. Man sah, dass die Mannschaft solche Expedition nicht das erste Mal machte, es ging ihnen alles flüssig von der Hand.

Zuerst wurde den Reisenden der in der ganzen Bergregion beliebte salzige Buttertee angeboten. Dieser besteht aus Yak-Butter und indischem Tee. Der Buttertee begleitete die Expedition auf der ganzen Reise. Dieses Getränk ist gewöhnungsbedürftig, aber alle fanden es nach einiger Zeit sogar angenehm. Der Reiseführer gab eine kleine Einführung in die nepalesisch/tibetanische Küche. Sie besteht überwiegend aus Fleisch vom Yak, Ziege, Schaf und deren Produkte wie Sauermilch, Käse und Joghurt. Aber auch Getreideprodukte wurden mitgeführt, aus denen Tsampa, geröstete Gerste mit Buttertee angerührt, hergestellt wurde.

Der Führer erzählte, dass auch Nudelgerichte, Gemüse und Salate verwendet würden. Von den sehr schmackhaften Nudelgerichten bekamen die Reisenden später auch Kostproben. Der Koch war die Seele der Expedition, gutes Essen ist unterwegs immer sehr wichtig.

Der Koch entsprach nicht den üblichen Vorstellungen eines Kochs, er war drahtig wie die anderen dienstbaren Geister und war stets eifrig bei der Sache. Nur das bisschen Schmuddelige trübte die Erscheinung. Was aber die provisorische Küche auslieferte, fand allgemein Anerkennung unter seinen Gästen.

Theo hatte von der Beschreibung des Führers wenig verstanden, denn in seiner Jugend musste er russisch lernen. Auch die anderen waren sich bei einigen Passagen nicht sicher, mussten nachfragen, weil der Führer englische und deutsche Brocken gleichzeitig verwendete. Durch die anschließende Diskussion wurden die Erzählungen des Führers einigermaßen verständlich.

Nachdem alle gesättigt waren, setzten sie sich in gemütlicher Runde und ließen den Tag Revue passieren. Der eine Arzt steckte sich eine Zigarette an und paffte so vor sich hin. Theo dachte: sieh an, Ärzte sind auch nicht immer Vorbild, hoffentlich hält er durch.

Die acht Stunden Fußmarsch machten sich dann doch bemerkbar, sodass einer nach dem anderen im Zelt verschwand.

Theo und Dieter waren die letzten, die ihr Zelt aufsuchten. Sie konnten noch nicht schlafen und ihr Gespräch drehte sich, wie in den Nächten davor, über die Frömmigkeit der Menschen in dieser Region unserer Erde. Sie war so eine ganz andere als diejenige in Europa. Außerdem war für einen Außenstehenden schwer oder gar nicht zu erkennen, wer dem Hinduismus oder dem Buddhismus anhängt. Der Buddhismus hat sich, wie beide meinten, stärker verändert als der Hinduismus. Dieser ist konservativ wie der Katholizismus. Formal kann man den Protestantismus mit dem Buddhismus vergleichen.

Durch die Aufspaltung in verschiedene Schulen oder Lehren und die Aufnahme von Göttern hat der Buddhismus seine von Buddha ursprünglich geprägte Form stark verändert.

Außerdem drehte sich das Gespräch immer auch um den „Achtfachen Pfad", dessen Umsetzung beiden als westlich geprägten Menschen unerreichbar erschien. Oder scheint es nur so, dass die Menschen dieser Regionen danach leben können, weil der Kapitalismus mit seinem Egoismus und Ausgrenzung diese Menschen noch nicht so erreicht und geprägt hat? Es also nur eine Frage der Zeit ist, wann auch diese Vorstellung vom menschlichen Leben und Zusammenleben bald dem Einheitsbrei des westlich/christlichen Standards weichen wird.

Die Funktion des Offiziers war zunächst nicht klar. Theo vermutete, es ist ein politischer Beamter. Ähnliches hatte er bei einer China-Reise erlebt.

Dort hatte die Reisegruppe zwei Führer, einen männlichen und einen weiblichen. Beide versuchten umständlich und nicht überzeugend die Aufgabe des weiblichen Begleiters zu erklären. Sie wäre vom Reisebüro geschickt.

Einige Mitreisende waren empört, sie brauchen keinen Aufpasser und dann noch doppeltes Trinkgeld. Das war dann doch zu hart für die kleine Chinesin. Sie hätte jetzt ihr Gesicht verloren, eine Schande, sie würde sowieso kein „Trinkengeld" nehmen und weinte bitterlich. Einige Mitreisende bemühten sich, sie zu beruhigen. Sie blieb zwar bei der Gruppe, war aber erst wieder nach einigen Tagen ansprechbar und ging in dieser Zeit allen Reisenden aus dem Wege.

Mit dem Gedanken „heute werden wir die Welt nicht mehr retten können" schliefen sie ein.

Die Luft war angenehm und es herrschte eine himmlische Ruhe.

Das schöne Wetter sollte die Reisenden den ganzen September nicht verlassen. Dann macht Wandern auch richtig Spaß.

Langsam stellte sich Routine im Tagesablauf ein. Das wechselnde Panorama ließ keine Langeweile aufkommen. Unmerklich stieg die Karawane immer höher und erreichte am zehnten Tag die Passhöhe von ca. 4600 m NN an der Tibetanischen Grenze.

Die zehn Tage Fußmarsch saßen doch allen ganz schön in den Knochen und die Wanderer waren froh, dass sie jetzt ihre Reise motorisiert fortsetzen konnten. An der Grenze zu Tibet/China wurden die Nepalesen verabschiedet und kehrten um.

Die Passformalitäten wurden erstaunlicherweise zügig abgewickelt, sicher durch die Initiative des Offiziers. Die Expedition ging nun motorisiert weiter mit einem Jeep und einem LKW. Die Fahrzeuge waren bereits mit allem beladen, was man in den nächsten Tagen so benötigt, außer Wasser. Das stellte die Natur überall in guter Qualität und in jeder Menge zur Verfügung.

Das Personal stieg in den LKW, die Touristen nahmen im Jeep Platz.

Der heilige Berg Kailash

Den Ausgangspunkt zur Umrundung des Kailash erreichten die Fahrzeuge in zwei Tagen. Die Fahrt ging über Sand- und Schotterpisten auf ca. 4500 m NN Höhe. Sie passierten die großen Seen, an denen sich verschiedene Klöster befinden. Das Baden in ihnen, wohl ausschließlich aus spirituellen Gründen, und der Besuch der Klöster waren nicht im Plan dieser Reise vorgesehen. Alle waren ausschließlich hier, um die Umrundung des Kailash zu bestehen, darauf waren ihre Sinne gerichtet.

Im Bereich der Seen hatte der Führer eine Überraschung für seine Gäste parat. An einer geeigneten Stelle ließ er halten und alle aussteigen. Was war zu sehen? Der Kailash spiegelte sich im Wasser eines Sees, man sah ihn quasi doppelt. Ein grandioses Bild. Kurze Zeit später klickten die Kameras und Camcorder, jeder wollte dieses einmalige Bild festhalten, denn eine gute Sicht war hier nicht selbstverständlich. Der Kailash leuchtete mit seiner weißen Eiskappe in den blauen Himmel wie ein großer Kristall in der Ferne und überragte seine Umgebung in Höhe und Farbe.

Dieter meinte, er könne sich schon vorstellen, dass dieses Bild die Fantasie der Bergbewohner angeregt hat. Der Kailash funkelte im warmen Licht der untergehenden Sonne und schuf so die Projektionsfläche für den freien Flug der Gedanken.

Eine solche Überraschung haben auch andere Reiseführer für ihre Gäste parat.

Theo war in Peru mit der Touristen-Gruppe vom Titicaca-See in Richtung Bolivien unterwegs. Sie befanden sich auf dem Hochplateau, auf der Ruta National 1, die in die Ruta National 3 übergeht, mit der man in Serpentinen hinunter in die Hauptstadt La Paz gelangt. Kurz vor dem Abstieg in die einige hundert Meter tiefer gelegene Stadt ließ der Reiseleiter den Bus halten. Er ließ die Reisenden aussteigen mit der Maßgabe, die Augen geschlossen zu halten und erst auf sein Kommando diese zu öffnen. Nachdem alle in der richtigen Position standen, kam sein Kommando „Augen auf", wobei darauf allen ein „Ahhh" entschlüpfte. Unter den Reisenden lag die Hauptstadt La Paz, es war ein großartiger Anblick. Da es schon dämmrig war, glitzerte die Stadt unter ihnen tausendfach und man sah, wie die Bebauung und die Straßen die Berghänge hochkrochen.

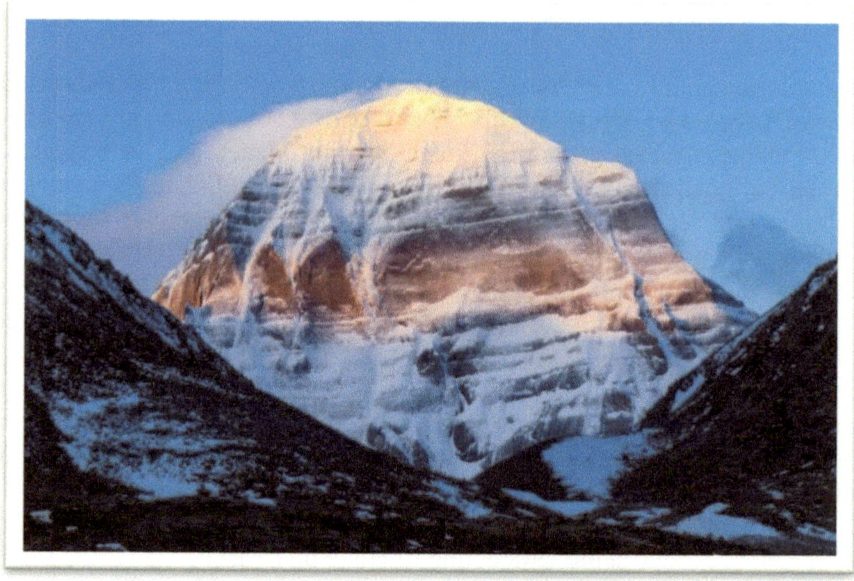

Der heilige Berg Kailash

Auch hier am Kailash war die Überraschung gelungen, es war ein majestätischer Anblick und Theo äußerte sich als erster, wobei er sicher für die anderen mit empfand. Er könne verstehen, dass dieser Berg Verehrung auslöst und zum Wallfahrtsort und Sitz der Götter geworden ist. Hier sind ihre Mythen geboren worden, hier haben sie ihre Geschichten gesponnen.

Bei vielen Völkern wurden und werden dominante Berge verehrt, man denke nur an den Olymp. Dieser wurde in der Antike als Sitz der Götterfamilie mit Zeus an der Spitze angesehen. Niemand hätte gewagt ihn zu besteigen, wie beim Kailash. Niemand hätte gewagt, die Götter zu erzürnen und ihren Zorn herauszufordern.

In westlich geprägtem Denken ist die religiöse Verehrung von Naturdenkmäler längst Vergangenheit und nicht mehr vorstellbar. Jeder weiß schließlich, dass die Welt der Götter oder des einen Gottes nicht angebbar ist, falls es Götter geben sollte. Dies fällt in den Bereich der religiösen Spekulation und warum sollte man sich damit abgeben.

Was Spekulationen auslösen, hat man am Finanzsektor erst kürzlich erleben können. Es kam nichts Gutes dabei heraus!!

Wenn die Altvorderen das Wissen heutiger Schüler hätten, würden sie vermutlich gar nicht auf die Idee kommen, einen Berg zu verehren. Der Kailash ist schließlich durch die Kollusion der Indischen mit der Eurasischen Platte entstanden und damit das gesamten Himalaya-Gebirge in Jahrmillionen von Jahren aufgefaltet worden. Das ist Erdgeschichte und keine Göttergeschichte. Aber so blieben die Götter jedenfalls auf der Erde. Die Gläubigen waren ihren Göttern relativ nah, mit viel Fantasie konnte man ihre Umrisse von unten ausmachen.

Anders wird der Christen-Gott gesucht. Heute schauen die Gläubigen in stillem Gebet auf ihre gefalteten Hände. Im Mittelalter, wie auf Gemälden zu sehen, wenden die Betenden ihren Kopf nach NNO. Sie vermuten den Gott im Himmel, außerhalb der Erde.

Dieter meinte, die meisten Religionen vermeiden eine Darstellung ihrer Götter, im Islam sogar verboten und als Gotteslästerung geahndet.

Im Mittelalter, als Lesen und Schreiben nicht allen zugänglich war, mussten die Maler einen Weg finden, Götter und sonst nicht sichtbare Wesen darzustellen.

Wie hat Leonardo da Vinci dieses Problem gelöst? In den Deckengemälden der Sixtinischen Kapelle kann man das Ergebnis bestaunen. Gott als Weltenherrscher mit grau-weißem wallendem Haar und Bart schwebt am Himmel. Da Gott schon ewig vorhanden sein soll, war das Altersgrau/-weiß angemessen. Gottes allumfassende Macht stellte Leonardo durch Körperkraft, also mit gewaltigen Muskeln, dar. Trotz dieser Fantasie-Gestalten ist das Werk des Leonardo von einmaliger Schönheit und wird jährlich von vielen Tausend Besuchern bestaunt und bewundert.

Am Bergfuß angekommen, begann die 3-tägige Kailash-Umrundung.

Traf die Gruppe bereits unterwegs auf zahlreiche Pilger, einzeln wie auch in kleinen Gruppen, so wuchs der Pilgerstrom am Fuße des Kailash beträchtlich an. Sie kamen, wie es schien, von vielen Seiten. Es gabelten sich hier verschiedene Wege, die alle in Richtung auf den Heiligen Berg zuliefen.

Bevor die Vierer-Gruppe die Umrundung begann, gab der Führer noch einige Erklärungen zu dem Unternehmen:

Der Berg Kailash wird als Heiliger Berg von vier Welt-Religionen verehrt. Dies sind Buddhisten, Hindus, Lamas und Bönpos.

Am Kailash und seiner näheren Umgebung entspringen vier Weltflüsse bzw. ihre Quell-Flüsse: der Brahmaputra, der Indus, der Sutlej und der Ganges.

Im Transhimalaya, so wird die Bergregion hier genannt, ist der Kailash der höchste Berg weit und breit mit einer Höhe von ungefähr 6714 m NN. Ungefähr, weil er jedes Jahr noch um einige Zentimeter langsam in die Höhe steigt.

Die Umrundung kann auf zwei unterschiedlichen Wegen erfolgen, der inneren und der äußeren Kora. Die Gruppe wählte die kürzere Umrundung, die in drei Tagen zu schaffen ist. Sie ist aber auch die anspruchsvollste, sie führt auf eine Höhe von bis zu ca. 5700 m NN. Eine Besteigung dieses heiligen Berges ist nicht möglich, ja sogar verboten. Dazu wären auch alle nicht in der Lage gewesen, weil sie keine alpine Erfahrung und Ausrüstung hatten.

Wie gesagt, die Besteigung des Berges ist verboten. Das gilt in erster Linie für ausländische Besucher, weil einheimische Gläubige schon aus religiösem Respekt an eine Besteigung gar nicht denken würden. Nach ihrer Vorstellung sitzt dort oben Shiva als Gott der Asketen in tiefer Meditation. Einen meditierenden Menschen darf man nicht stören, einen Gott schon gar nicht.

Weit vor dem Kailash wurde das Lager aufgebaut, in der Sprache der Bergsteiger: das Basislager.

Die Fahrzeuge blieben im sogenannten Basislager zurück. Dann wurde das Gepäck verteilt, ein Zelt und jeweils Proviant für drei Tage für je zwei Mann und einheimische Begleiter. Theo und Dieter konnten sich einigen, sodass jeder etwa die Hälfte der Last stemmen musste.

Mit Last ist nur der persönliche Bedarf des Einzelnen gemeint, alles andere schleppten die Träger.

Die beiden Ärzte haben sich auch irgendwie arrangiert. Sie vereinbarten, die Umrundung gemeinsam, also immer in Sichtweite zueinander, zu bewältigen.

Am Abend vor der Umrundung machte sich eine nervöse Spannung bei den Teilnehmern bemerkbar. Es war schließlich das mit großen Erwartungen verbundene Ereignis, weshalb alle dieses Unternehmen in Angriff genommen hatten. Bei den Ärzten kamen Zweifel auf, ob sie wegen der Höhenlage des Wanderweges ohne Probleme die Strecke bewältigen würden. Dieter und Theo waren zuverlässiger gestimmt und versuchten die Zweifel der beiden zu zerstreuen.

Der erste Tag der Umrundung war noch nicht beendet, als das eintrat, was sie befürchteten. Der eine Arzt wurde höhenkrank und musste zurück in das Basislager. Er klagte über Kopfschmerzen, Übelkeit und Sehstörungen. Es war Pat, der Leuchtturm, der Raucher, der aufgeben musste. Die anderen haben schon eine Weile beobachten können, dass er immer zurückblieb, sich häufig setzen musste und sich den Kopf hielt. Er selber war enttäuscht, musste sich aber der Realität stellen.

Die beiden Ärzte haben auch einiges falsch gemacht. Ungeübte Bergsteiger müssen gewisse Regeln beachten, wenn es in größere Höhen geht. Theo hat von einem erfahrenen Bergsteiger beim Besuch der Sonneninsel (Isla del Sol) am Titicaca-See erfahren, wie man Berge steigt. Mit kleinen Schritten, gleichmäßig und ohne Pausen sich seinem Ziel nähern. D. h. man muss den richtigen Rhythmus finden, den man lange durchhalten kann. Es war zu beobachten, dass einige Heißsporne in schnellem Schritt, fast im Laufschritt, allen ihre Stärke demonstrieren mussten. Der Erfahrene darauf: „Die sehen wir alle wieder!"

Nach einer Stunde war es so weit. Am Ende der Wanderung, bei den Ruinen des Chicana-Tempels der Inka, der nach etwa zwei Stunden erreicht wurde, waren die Schnellläufer weit zurückgeblieben.

Mit einem Begleiter trat der Raucher den Rückweg an, nachdem er seine überzähligen Ausrüstungsgegenstände verteilt hatte. Die anderen drei erreichten den höchsten Punkt der Umrundung mit 5700 m NN am nächsten Tag, ohne irgendwelche Probleme. Das sagten sie jedenfalls, Schmerzen wurden sicher versteckt. Man sah am Abend die wunden Füße, die mit Salben behandelt werden mussten, um den nächsten Tag zu überstehen. Bei Theo stellte sich geringfügiger Kopfschmerz ein, der aber während des Abstieges langsam wieder verschwand. Ohne die Erinnerung an die Erfahrung bei der Begehung der Sonneninsel wäre Theo sicher in Schwierigkeiten gekommen. Auch so hatte er genug Probleme zu überwinden. Dieter hatte die beste Kondition. Aber nach Meditieren stand wohl keinem der Sinn. Die Einheimischen, die an größere Höhen gewohnt sind, konnten sicher ihre Gelöbnisse voll umsetzen und mit dem Gebets-Murmeln und der Meditation ihr Karma verbessern.

Die mitlaufenden und schleppenden Träger hatten keine Probleme mit der Höhenlage. Die hier lebenden Menschen haben sich genetisch an die Höhenlage angepasst. Sie haben sicher mehr rote Blutkörperchen als Flachlandbewohner.

Die Kora war auch kein Wanderweg, wie man es in Deutschland gewohnt wäre. Er war nicht „ausgebaut", sozusagen ein Pfad im Naturzustand. Man könnte ihn mit dem Rennsteig im Thüringer Wald vergleichen, nur extremer. Manchmal verschwindet der Pfad und man hat Mühe, ihn wiederzufinden. Sie mussten sich durch Felsspalten zwängen und sperrige Felsen überwinden. So kam es schon vor, dass die drei Wanderer manchmal miteinander stritten, wo der rechte Weg verläuft. Der Expeditionsleiter hatte aber meistens den Durchblick, er war sicher der bessere Fährtenleser. Alle waren stets darauf bedacht, keinen Fehltritt zu machen. Denn Prellungen oder gar einen Knöchelbruch durfte man nicht riskieren.

Auf dem höchsten Punkt der Umrundung machten sie eine Pause. Dieter zelebrierte eine kurze Andacht zu Ehren des Gottes Shiva, in dem er sich in Richtung des Kailash verneigte und etwas murmelte.

Dann bekamen alle einen Schnaps und prosteten sich zu. Dies sollte zugleich eine Gabe für Shiva sein und diente auch zur Entkeimung des Magens. Dass diese Gabe an den Magen sehr sinnvoll ist, hat Theo von Dr. Seiher gelernt, der bei einer China-Reise jeden Abend mit seiner Frau einen Whisky trank, um so Magenverstimmungen vorzubeugen. Und tatsächlich hatten alle, die diesem Beispiel folgten, keinerlei Probleme in dieser Hinsicht.

Entschädigt für die Anstrengung des Aufstieges wurden sie alle durch die grandiose Bergwelt.

Und die Stille, beängstigend, fast schmerzhaft kroch sie in die Gemüter der Wanderer.

Sie verstanden nun, weshalb dieser Berg so große Verehrung unter den Gläubigen erfährt. Seine Dominanz, die Leuchtkraft seiner Kuppe und die Unnahbarkeit seiner Erscheinung hatten diesen Mythos der Heiligkeit in Verbindung mit der Götterwelt hervorgerufen.

Der kleinere der Ärzte, der Patachon, unterbrach die aufkommende spirituelle Stimmung, indem er die neueren wissenschaftlichen Erkenntnisse zur Gebirgsbildung beisteuerte:

„Der Himalaya gehört zur jüngeren der alpinen Gebirgsbildung. Dieser Prozess benötigte so 10 – 50 Millionen Jahre. Es war die Zeit der Kontinentalverschiebungen, also tektonische Vorgänge. Die Indische Platte driftete nach Norden, bildete das heutige Indien und faltete das davor liegende Festland, die Eurasische Platte, auf die heutige Höhe auf. Dieser Prozess ist noch nicht abgeschlossen, denn noch immer wächst der Himalaya um einige Zentimeter im Jahr in die Höhe. Grob gesagt besteht der Himalaya aus kristallinen und metamorphen Gesteinen, also aus Granit, Syenit, Gabbro und Basalten."

„Und noch einige andere Mineralien", warf Dieter ein.

Um diese zu bestimmen, müsste man mit einem Hammer eine frische Bruchkante vom Gestein abschlagen, dann könnte man mit einer Lupe die einzelnen Minerale bestimmen.

„Das Wissen um diese Gebirgsbildung verdanken wir intensiver Forschung und Expeditionen und ist sicher komplizierter, als ich es hier kurz skizziert habe, aber im Groben wird es so schon stimmen", schloss Patachon seinen kurzen Vortrag.

„Sicher", bemerkte Theo etwas verstimmt, „aber du verdirbst die Stimmung mit Wissenschaft. Im Hinduismus und Buddhismus symbolisiert der Kailash den mystischen Berg Meru. Hier befindet sich nach deren Vorstellungen das Zentrum des Universums, also der Nabel der Welt. Shiva hat hier sein Reich. Es ranken sich allerlei Legenden um diesen Berg, aber der Ursprung der Verehrung ist im Hinduismus zu suchen".

Angesichts der Höhe, auf der sie sich befanden, wurde ihnen bewusst, dass sie die Höhe des Mont Blanc, des höchsten Berges der Alpen mit *nur* 4810 m NN, fast um 1000 m überboten hatten. Den Mont Blanc hatte noch keiner von ihnen bestiegen. Angesichts dieser Zahlen waren alle sichtbar stolz, eine solche Leistung erbracht zu haben.

Unterwegs überholten sie eine Gruppe einheimischer Pilger, die unter besonderer Erschwernis, sicher im Hinblick auf ein günstiges Karma, mit ihrer Körperlänge die Umrundung abmaßen. Westlich geprägte Menschen müssen immer wieder mit Erstaunen feststellen, mit welcher Hingabe und Opferbereitschaft buddhistische und hinduistische Gläubige religiöse Riten zelebrieren. Letztlich, um Erleuchtung zu erreichen, die Wiedergeburten zu vermeiden und das Nirwana zu erreichen. Das bedeutet, für die Ewigkeit Vorsorge zu treffen. Vermutlich glauben sie, je mühevoller, schmerzhafter und anstrengender eine religiöse Handlung ist, je mehr würden sie ihr Karma verbessern.

Ähnliches Verhalten ist auch bei den Katholiken zu beobachten. Hier heißt das Wallfahrt und kann auch ganz schön anstrengend sein. Der in die Schlagzeilen gelangte Jakobsweg ist sicher auch in jeder Hinsicht eine Herausforderung, schon wegen seiner Länge.

Einer der wichtigsten Wallfahrtsorte der katholischen Kirche und der wichtigste in Portugal ist Fatima. Hier konnte Theo beobachten, dass es auch unter den katholischen Gläubigen Fanatiker gibt, die sich auf dem Bauch rutschend der Wallfahrtskirche nähern. Um es ihnen etwas angenehmer zu machen, haben die Veranstalter eine gewisse Strecke mit einem Belag ausgestaltet. Verrückte Zeitgenossen scheint es überall zu geben.

Dieter ist sich nicht sicher, ob das Laufen aus spirituellen Gründen im Westen nicht auch eine Modeerscheinung ist. Es wird schließlich alles vermarktet und zu Geld gemacht. Die Asiaten denken und fühlen sicher anders.

Allen war bewusst, dass sie die Mentalität der fernöstlichen Bevölkerung nicht verstehen würden.

Einmalig war der Sonnenuntergang am Heiligen Berg. Der Führer begleitete die drei abseits zu einer Stelle, an der dieses Schauspiel am besten zu beobachten war. Dieser Anblick rief Begeisterung hervor und alle waren überzeugt, etwas Einmaliges erlebt zu haben.

Dann ging die Sonne als Feuerball unter, erst noch in gleißendem Licht, dann versank sie zwischen den Bergen in einem zarten Rot. Die Konturen wurden schärfer und der Himmel breitete seine Sternenpracht über die Landschaft.

Die Nächte waren kühl, aber nicht unangenehm. Sie saßen vor dem Zelt und beobachteten den Sternenhimmel. Die Sterne glitzerten viel stärker als in europäischen Breiten. Und dann die Milchstraße mit ihrem Glitzerband und den Abermilliarden Sonnen und Galaxien des Sternenhimmels, die in eindringlicher Weise den Betrachter in die Unendlichkeit des Universums entführt. Da wird der Mensch ganz klein und unbedeutend. Und trotzdem, er spürt auch das Einmalige seiner Existenz, obwohl es nicht bewiesen ist, dass er in diesem ganzen Schauspiel der einzige Betrachter ist.

Keine fremden Lichtquellen trübten diesen Eindruck. Spürten sie die fremde Welt, die Welt der Götter? Das Erhabene wurde noch verstärkt durch die Silhouette der Berge, die sich in der Dämmerung schwarz gegen den Horizont abzeichneten. Menschliche Stimmen waren nicht zu hören, nur von Nah und in der Ferne war das Murmeln fließenden Wassers zu vernehmen. Hier also nehmen die vier Welt-Flüsse ihren Anfang. Andächtig saßen sie da und ließen die ungewohnte Umgebung und Stimmung auf sich einwirken.

Dieter war der erste, der die Stille unterbrach.

„Wenn man bedenkt, wie die Götterwelt entstanden ist, so waren meistens unverstandene Naturphänomene die Ursache ihrer Geburt. Die Wüste mit ihren vielfach stürmischen Winden erzählte den Propheten ihre Geschichten, meist kamen noch Hunger und Durst dazu, die ihren Geist verwirrten. Donner und Blitz gebar den Thor in den nordischen Gefilden."

„Da gibt es noch viele Beispiele zu nennen", ergänzte Theo diese Überlegungen.

„Poseidon, der die Winde beherrscht, gefährliche Wellen auftürmen konnte, die bei den Seefahrern gefürchtet waren, Chac, der Gott des Regens bei den Mayas, der über Leben und Tod des Volkes entschied, wenn er keinen Regen schickte."

„Der Wolken verhüllte Olymp als Sitz der Götterfamilie bei den alten Griechen und der Kailash als Sitzplatz für Shiva", ergänzte der kleine Arzt, der Patachon.

Da ließ sich Dieter nicht lumpen und meinte, der Sonnenkult gehört auch dazu. Die Sonne wurde von den alten Ägyptern personifiziert und in den Götterstatus erhoben. Sie erkannten, dass die Sonne lebenswichtig ist und hatten Angst, dass sie eines Tages nicht mehr am Himmel erscheinen würde. In den Grabanlagen der Pharaonen gab es Darstellungen dazu.

Meistens waren es Phänomene, die den Menschen Angst machten und mit einem „zuständigen Gott" besetzt wurden. Es musste doch alles von *Irgendjemand* eingerichtet worden sein, es konnte doch nicht einfach so da sein!

„Sehr richtig", meinte dazu Dieter. „Hierzu gehören auch die Zarathustrier, die vieles von der christlichen Religion bereits vorwegnahmen. Sie kannten z. B. den Dualismus in ihrer Religion. Nämlich das Gute und das Böse, also Gott (Ahura Mazda) und Teufel. Das Symbol ihres Gottes war das Feuer, das sie als ewige Flamme in besonderen Gebäuden hüteten. Ob sie diese Flamme auch anbeteten, ist umstritten, aber zu vermuten."

Um den Gott oder die Götter zu besänftigen oder um ihre Hilfe zu erlangen, wurde im Laufe der Zeit Kulthandlungen entwickelt, die am Ende eine Priesterschaft hervorbrachte.

„Es hat sich herausgestellt, dass diese Kaste sich über die Jahrtausende als unverwüstlich gezeigt hat", ergänzte Theo diesen Disput.

Das wird auch so bleiben, da waren sich alle einig. Selbst die Kommunisten in der Sowjetunion haben es nicht geschafft, die Popen mit ihrem Kult auszumerzen.

Unter den Pilgern waren nur vereinzelt europäische Touristen. Kontakte gab es unter ihnen wahrscheinlich nicht, sie waren beschäftigt mit Meditation und gingen schweigsam ihres Weges.

Nach drei Tagen erreichte die Gruppe wieder ihren Ausgangspunkt. Die zu Fuß-Umrundung des heiligen Berges hat alle nachdenklich werden lassen. Sicher, es ist nur ein Berg. Ein besonderer schon mit seiner Pyramiden-Form, der weißen, vereisten Spitze und seiner Dominanz in der umgebenen Bergwelt. Unterwegs spürten sie aber auch, dass eine gewisse spirituelle

Stimmung sich unmerklich eingeschlichen hat. Theo erklärte sich das mit der körperlichen Anstrengung, der Höhe und der vermehrten Ausschüttung von Morphinen, die ein gewisses Hochgefühl erzeugen. Langstrecken-Läufer haben von ebensolchen Erfahrungen berichtet. Die Ärzte stimmten dem zu.

Während der Umrundung wurde, eigentlich bei allen Teilnehmern, deutlich, dass man der Frage nach dem Sinn des menschlichen Lebens ein Stückchen näher kommen wollte. Den buddhistisch/hinduistischen Pilgern stellt sich diese Frage vermutlich gar nicht. Sie waren in ihrer Religion festgelegt, da gab es keine Zweifel.

Das ist bei vielen Europäern anders. Sie haben sich häufig von ihrer Religion verabschiedet und suchen auf anderen Wegen eine Kompensation. Dadurch kommen die fernöstlichen Gedanken über den Sinn des Lebens stärker ins Blickfeld. Das erklärt auch ihre Zuwendung zu indischen Gurus mit ihren Meditationen und philosophischen Lehren.

Die Frage, welchen Sinn das menschliche Leben allgemein hat, beschäftigte Theo schon länger.

Soll man glauben, eine höhere Instanz, also ein Gott, hat dies für die Menschen von vornherein festgelegt, sodass der Mensch keinen freien Willen hat. Oder ist das menschliche Leben nicht letztlich Ursprung seines Sinnes?

Wie kann ich aber erfahren, welchen Plan ein Gott mit den Menschen hat, da ich ihn nicht befragen kann. Ich weiß ja nicht einmal, warum der Mensch erschaffen wurde, falls er erschaffen wurde. Wenn nicht, muss der Mensch schließlich die Frage nach dem Sinn des Lebens selbst definieren.

Alle Religionen drücken sich vor dieser Frage. Warum gibt es die Menschen?

Die beiden Ärzte beteuerten, sie wären Atheisten. Sie hätten schon viele Menschen sterben sehen und eine Seele hätten sie noch nie aufsteigen sehen, noch wären, wenn überhaupt, letzte Worte belanglos gewesen. Goethe soll gesagt haben „mehr Licht", auch belanglos. Überhaupt, Religionen leben von Wundern. Jesus hat Wunder vollbracht, sogar so etwas Triviales wie aus Wasser Wein zaubern. Auch Buddha brauchte so etwas, möglicherweise, um überzeugender zu wirken. Wunder bezeugen, hier ist jemand, der steht mit höheren Mächten in Verbindung, es unterstreicht seine Glaubwürdigkeit. Er vertritt die letzte Instanz und ist somit der Masse überlegen.

Die Säulen des Christentums sind: Unbefleckte Empfängnis, Wunder aller Art, Auferstehung Jesu und Aufstieg in den Himmel.

Nimmt man diese weg, so bleiben Weisheiten und Wahrheiten zurück und Jesus wäre ein Philosoph.

Das Mystische beim Buddhismus ist die Lehre von der Wiedergeburt. Dieses Konstrukt hat Buddha vom Hinduismus übernommen. Ohne Wiedergeburt kann der Zustand der Erleuchtung nicht erreicht werden.

In dieser Frage waren sich alle einig.

Einige Unergründlichkeiten, oder soll man sagen etwas Hokuspokus muss sein, sonst funktionieren religiöse Lehren nicht.

Trotzdem sind diese Lehren für viele Menschen überzeugend. Es wäre sonst nicht erklärbar, dass diese Menschen geistige wie körperliche Strapazen, ja manchmal sogar große Schmerzen auf sich nehmen. Für Christen gilt das überwiegend für Menschen des Mittelalters, Buddhisten und Hinduisten praktizieren das heute noch, in dieser aufgeklärten Zeit.

So hatte jeder zu den religiös/philosophischen Themen etwas beigetragen. Bis Theo einen Spruch einstreute, den er schon vor langer Zeit formuliert hatte. Er lautet:

Des Menschen Bestimmung hier auf Erden
ist nicht erben noch Gewinn,
es ist das Sterben.

Letztlich ist es wohl so, gaben alle zu. Aber erben und Gewinn auf Zeit wäre nicht zu verachten. Außerdem erben wir automatisch die Gene unserer Vorfahren, dadurch wären wir in bestimmter Weise festgelegt. Aber ob in den Genen ein Plan Gottes versteckt ist, davon wollte keiner etwas wissen. Schließlich verändern Mutationen auf Dauer den ursprünglich angelegten Gen-Pool. Es wird auch argumentiert, dass nur der Erhalt und Fortbestand der Gene gesichert werden muss und nicht der des gesamten Organismus. Wir sind also ein Produkt eines bedeutungslosen ziellosen Zufalls. Also kann man die Frage nach dem Sinn des Lebens nicht aus dem Studium der Gene ableiten.

Es ist eine verdammt schwer zu beantwortende Frage, die Frage nach dem Sinn des Lebens. Die Ärzte meinten, es gäbe keinen vorher festgelegten Sinn. Jeder müsse sich selbst dieser Frage stellen. Auch Dieter war der Meinung, aus seiner Erfahrung heraus machten sich die meisten Menschen darüber keine Gedanken. Sie würden in bestimmte Verhältnisse hineingeboren und wursteln sich so durchs Leben und sind auf ihren Vorteil bedacht.

Die gleich schwierige Frage ist, warum sind wir hier? Wissenschaftlich denkende Menschen argumentieren, wir sind aus einem ziellosen natürlichen Prozess, nicht gerichtet und geschaffen durch einen Schöpfergott, entstanden. Genau wie die Tiere, ergänzte Theo, also aus einem Entwicklungsprozess heraus.

Alle gaben zu verstehen, dass sie Darwinisten sind.

Die um den Kailash laufenden und kriechenden Gläubigen stören sich nicht im Geringsten an solchen Überlegungen. Sie wollen ihr Karma verbessern, das ist ihr vordringlichstes Ziel. Ihr Dasein hat einen Sinn und zwar hier und jetzt. Sie sind sicher der Meinung, dass der Sinn, der sie leitet, von einem Schöpfer erdacht wurde.

Je länger die Gesprächsrunde diese Fragen erörterte, je nachdenklicher wurden alle. Dieter war der erste, der andeutete, nicht nur die sportliche Herausforderung hat ihn zu diesem Unternehmen veranlasst, eine gewisse Sinnsuche wäre schon damit verbunden.

Zurück nach Kathmandu

Die Rückfahrt führte über das großartige, einsame Hochland von Tibet. Die Strecke von ca. 1200 km bewältigten sie mit den Fahrzeugen in sieben Tagen. Das erscheint auf den ersten Blick ziemlich langsam. Man muss aber bedenken, dass man die Wege nur als Pfade bezeichnen kann. Auf der ganzen Strecke gab es weit und breit kaum ein Dorf oder größere Ansiedlung, ab und zu ein Nomadenzelt. Die Fahrzeuge, LKW und Jeep, mussten Pässe bis zu 5200 m NN überwinden. Natürlich passierte das, was keiner sich wünschte. Der LKW hatte einen Achsbruch. Die beiden Fahrer und die Gruppe waren nicht überrascht. Der LKW polterte nur so über die Piste und hatte stellenweise gefährliche Schieflage.

Die Gruppe stieg aus und sah sich in der Gegend um. Zu beiden Seiten der Piste wurden sie in beträchtlicher Entfernung von Bergketten begleitet. Diese tragen vermutlich ganzjährig einen Schnee und -eispanzer auf ihren Gipfeln.

Irgendwie haben die Tibeter den Wagen aber wieder flott bekommen. Man hat nur gesehen, dass sie einen Wagenheber ansetzten und etwas ausgewechselt haben. Seitens der Mitreisenden gab es natürlich jede Menge Ratschläge, aber die Tibeter ließen sich nicht stören und machten anscheinend alles richtig. Jedenfalls hielt der LKW die restlichen Kilometer durch.

Auch der Jeep bekam seine Schwierigkeit. Manchmal war es selbst für die geübten tibetischen Fahrer schwer, den richtigen festen Untergrund zu finden. Stellenweise ging es auch mal quer Beet, weil ein Fahrweg nicht auszumachen war.

Obwohl das tibetische Hochland überwiegend Grasland ist, mit üppigem Bewuchs in den Flussebenen und nur stellenweise Bäume und Sträucher anzutreffen sind, werden auch Sanddünen angetroffen. Und in so einer Sanddüne blieb der Jeep stecken. Dieses Missgeschick und der Achsbruch beim LKW führten auch zu einer Verlängerung der Reisezeit. Auf Bitten der Ärzte legte die Expedition bei dieser Gelegenheit einen Stopp bei einer tibetischen Familie ein, die gerade am Wegesrand ihre Jurte aufgestellt hatte. Verstreut um dieses Anwesen herum grasten friedlich einige Yaks und Schafe. Die Yaks erregten das besondere Interesse. Dies sind stark behaarte tibetische Rinder, deren haariges Fell stellenweise lang herunterhing und ihnen ein urtümliches Aussehen verlieh.

In der Jurte wurden nur weibliche Bewohner angetroffen, die Männer, so erzählte uns der Führer, sind beim Vieh in der weiteren Umgebung. Die Frauen waren an Fremde gewöhnt und luden alle, na man ahnt es schon, zum Buttertee ein.

Unser Begleiter erzählte, dass die Yak-Milch äußerst nahrhaft ist und für die Ernährung der Bevölkerung eine große Bedeutung hat. Sie hat bis zu 30 % Fett. Der Ertrag ist jedoch erheblich geringer als der von Kühen, die in dieser Höhenlage nicht leben können.

Dieter staunte über die Geräumigkeit und das gemütliche Innere der Jurte. Sein Unternehmungsgeist war geweckt. Er könne sich vorstellen, einmal eine Zeit lang bei den Nomaden zu verbringen und dieses unbeschreibliche Gefühl der Freiheit und Unabhängigkeit zu erleben.

Theo verpasste ihm sofort einen Dämpfer: Dieses Gefühl würde ihm schnell vergehen, wenn er den täglichen Anforderungen und Pflichten des Nomadenlebens ausgesetzt wäre. Dieses „freie Leben" aus der Sicht eines Touristen mit garantierter Rückkehr ins europäische Leben ist leicht vorstellbar. Dieter musste zugeben, dass er letztlich die Angelegenheit auch so sehen würde. Aber eine Woche hier zu leben, könne er sich vorstellen. Damit waren alle einverstanden, aber eine Woche wäre genug.

Beim näheren Hinsehen bemerkte man erst die, im europäischen Sinn, armselige Ausstattung und Lebensumstände.

Darüber entspann sich eine lebhafte Debatte. Dieter meinte, unser europäischer Maßstab wäre hier unangebracht. Wir leben in einer Welt, wo die Gewinnmaximierung an erster Stelle steht. Aber was bedeutet das schon. Bringt es Wohlstand für alle? Natürlich nicht. Es ist eine Sackgasse. Es ist vergleichbar mit der Anbetung des Goldenen Kalbes durch die Israelis auf ihrer Wanderung von Ägypten ins „Gelobte Land", ein Irrweg. So wird sich auch der Turbo-Kapitalismus als Irrweg erweisen. Die Tibeter hier leben noch im Einklang mit der Natur. Sie entnehmen der Natur nur so viel, wie sie bereit ist zu geben, also das, was sich erneuert. Der Mensch im Kapitalismus muss, will er mithalten, die Natur ausbeuten, so wie auch die Menschen ausgebeutet werden, die sich nicht wehren können.

Sicher, die Ausstattung in dieser Jurte war etwas ärmlich. Eine Feuerstelle mit Küchengerätschaften, einige Schlafplätze, auf denen Felle lagen. Verschiedene Sachen zum Anziehen und eine Truhe, auf der Schuhe standen. Theo bemerkte, es ist sicher alles durchdacht im Hinblick auf Abbruch und Wiederaufbau der Jurte. Die Nomaden ziehen den Weideplätzen hinterher. Wenn eine Weidefläche abgegrast ist, ziehen sie weiter zur nächsten.

Dadurch würden die Weideflächen nie überbeansprucht und die Anzahl der Tiere nicht maximiert, wie die Europäer das vielleicht machen würden.

Die Zelte der Reisenden wurden gleich neben der Jurte aufgebaut und der Koch bereitete das Abendbrot vor. Er kaufte den Frauen noch einige Lebensmittel wie Butter, Joghurt und das tibetische Brot ab und bereitete ein tibetisches Mal zu.

Der Ablauf der Rückreise blieb etwa gleich die nächsten acht Tage, nur das Einkehren bei einer Nomadenfamilie wiederholte sich so nicht.

Am vierten Tag überholten sie eine Nomadenfamilie auf dem Umzug in ein anderes Weidegebiet. Mit Sack und Pack war die Großfamilie unterwegs. Die Yaks zogen ein Gefährt, auf dem Zeltstangen und Felle zu erkennen waren. Die Fahrer hielten kurz an und machten ein Schwätzchen mit dem Oberhaupt der Sippe.

Obwohl die Tage nicht besonders aufregend waren, kam keine Langeweile auf. Zu beiden Seiten wurde die Fahrt ja von den schneebedeckten Bergen des Transhimalaya begleitet.

Am Tag vor dem Grenzübergang nach Nepal stießen sie auf eine Gruppe von Tibetern, die gerade dabei waren, eine Jurte aufzubauen. Dieter, der Ingenieur, interessierte sich für diesen Vorgang und so hielten sie an und sahen ihnen bei der Arbeit zu.

Der tibetische Führer ging darauf ein, weil, so meinte er, die Jurte in etwa einer Stunde aufgebaut wäre. Das „Baumaterial" lag bereits ausgebreitet und übersichtlich aufgestapelt.

Der Platz schien schon ausgesucht, er musste nur einigermaßen eben sein und Wasser war auch in der Nähe.

Als erstes wurden die Außenwände aufgestellt. Sie bestanden aus Spalier-Stangen, diagonal angeordnet und die sich für den Transport zusammenschieben lassen. Jetzt wurden sie auseinandergezogen und eine größere Anzahl von Segmenten im Kreis aufgestellt und zusammengebunden. Alles bestand aus Holz und wurde mit starkem Strick zusammengehalten. Zuletzt wurde die zweiflüglige Tür dazwischen gesetzt und ebenfalls eingebunden. Dann ging eine Person mit einer Stange in die Mitte. Auf dieser Stange war ein Wagenrad ähnlicher Ring von ca. einem Meter Durchmesser befestigt. Diese Stange, man könnte auch Zeltstange sagen, hatte eine Höhe von ca. 3 m – 3,5 m. Dieses „Wagenrad" war mit einer Vielzahl von Aussparungen versehen, in die nun andere Helfer lange Stangen steckten und mit den „Wänden" verbanden. Im Bereich der Wände waren die Stangen zur Senkrechten abgebogen, sodass sie damit eine Linie bildeten. Dieter schätzte, dass etwa 20 Stangen das Dach der Jurte bildeten. Damit war das Gerippe fertig. Unter den Personen, die die Jurte bauten, waren auch Frauen. Der Führer erzählte, dass diese Arbeiten üblicherweise von Frauen erledigt werden. Diese trugen lange Röcke, Stiefel und bunte Kopftücher. Die Arbeit machte allen sichtlichen Spaß, es war bei etwa 15° C, wolkenlos, auch ein angenehmer Tag.

Nachdem alles noch einmal auf Stabilität überprüft wurde, erhielt das Gerippe einen Mantel aus groben Planen. Zuerst die Seitenwände, dann das Dach. Die Dachbahnen wurden wieder mit langen Stangen nach oben, in Richtung oberer Kranz, geschoben und von innen befestigt.

Zum Schluss zogen sie lange Seile kreuz und quer über die Jurte.

Nachdem das „Bauwerk" stand, wurden Teppiche reingeschleppt und mit den Wänden verbunden. Zum Schluss erhielt der Fußboden ebenfalls einen Teppichbelag. Theo, der ein Freund von Orientteppichen ist, sah sich diese genauer an. Sie waren von grober Struktur mit geometrischen Mustern in den Farben dunkelbraun, rötlich, auch blau kam vor.

Als nach etwa einer Stunde alles fertig war, wurden die europäischen Touristen in die Jurte hineingebeten und erhielten jeder eine Schale Joghurt zur Erfrischung.

Alle bedankten sich artig, der einheimische Führer wird das sicher richtig übersetzt haben. Vielleicht wechselte auch etwa Bakschisch den Besitzer, Dieter hat so etwas bemerkt.

Egal, alle setzten gut gelaunt ihre Fahrt fort.

Natürlich ging den Teilnehmern der Gesprächsstoff nicht aus. Sie beschäftigten sich weiter mit der Frage nach dem Sinn des Lebens.

Der Mensch kann das schwerlich beantworten. Er wird geboren und erhält die Gene zur Hälfte vom Vater und zur anderen Hälfte von der Mutter. Dann lebt er eine Weile und stirbt danach. So weit, so klar.

„Alles ist flüchtig, ja die Jahre" seufzte Horst, der eine Arzt.

So geht es allen bekannten Lebewesen. Das ist so. Warum müssen wir fragen: Zu welchem Zweck sind wir hier? Theo meinte, weil wir diesen Ablauf durchschauen und mit dem Ergebnis unzufrieden sind. Es muss doch alles einen Sinn haben. Im Leben machen die Menschen doch im Allgemeinen keine sinnlosen Sachen, zumindest streben sie nach ihrem Vorteil.

Buddha hat das ebenfalls erkannt und hat sich von allem Überflüssigen getrennt. Er hat sich trotzdem zu den Vier Edlen Wahrheiten bekannt, die, so meint auch einer der Ärzte, den Mensch unbelastet mit seinen Mitmenschen leben lässt, bevor er ins Nirwana, den erleuchteten Zustand, frei von allem Irdischen, eintreten kann.

Dieter meinte dazu, keiner könne in der westlichen Welt wie Buddha leben, er würde als Sozialschmarotzer abgestempelt.

„Das ist auch wieder so eine westliche Sicht", bemerkte Theo. „Der gläubige Buddhist sieht es als Ehre an, die Mönche, die als heilige Männer angesehen werden, zu versorgen, das gehört zum religiösen Ritus und könne sein Karma verbessern. Im Übrigen verehren die Gläubigen nicht die Mönche als Menschen, sondern symbolisch stellvertretend für ihren Glauben und ihre Götter. In der Vierten Edlen Wahrheit lehrt Buddha den Achtfachen Pfad als Lebenshilfe, wie der Mensch leben sollte."

Das könne er sich schon als Richtschnur für sein Leben durchaus vorstellen, meinte Theo.

„Hier ergeben sich deutlich sichtbare Parallelen zu den Zehn Geboten der Bibel. Stützt das die Hypothese, dass in grauer Vorzeit nicht nur Waren, sondern auch religiöse Vorstellungen ausgetauscht worden sind?"

Was aber sagen die religiösen Vorstellungen über den Sinn des Lebens aus. Religionen, egal welcher Couleur, schweigen sich über einen Sinn aus. Sie geben nur allgemeine Hinweise. Zum Beispiel die Gläubigen sollen Gott dienen, und dergleichen Gemeinplätze.

Warum benötigt ein allwissender und allmächtiger Gott Dienste so schwacher und unwissender Menschen, ist das logisch, war die allgemeine Auffassung.

Die heiligen Schriften geben keine befriedigen Antworten auf diese Fragen. Man kann auch sagen, die Verfasser dieser Schriften, die manchmal als inspiriert gelten, wissen auch nicht mehr als wir Fragen stellenden, ratlosen Wesen.

Auch aus dem Ursprung des menschlichen Lebens heraus kann nicht die Auffassung abgeleitet werden, dass ein Sinn bereits im Keim angelegt ist.

Diese und andere Fragen beschäftigte die zufällig gebildete Gemeinschaft. Es stellte sich während der Rückreise doch allmählich heraus, dass die Sinnfrage bei allen eine nicht unerhebliche Rolle spielt. Sie räumten ein, dass sie nicht nur aus sportlichen Gründen die Kailash-Umrundung unternommen haben, sondern dass eine gewisse spirituelle Neugier eine nicht unwesentliche Rolle gespielt hat.

Während der Fahrt über das Hochland von Tibet konnten sie sich in etwa ein Einblick in das Leben der Nomaden verschaffen. Da tauchte schon mal die Frage auf, ob sich diese Leute über den Sinn ihres Lebens Gedanken machen. Alle waren der Meinung, dass sie das sicher nicht täten. Sie wären mit der Sorge um ausreichende Nahrung, mit dem Wohl ihrer Tiere und der Gesundheit von Mensch und Tier in ausreichendem Maße in Anspruch genommen, dass dafür weder Zeit noch Muße bestünde. Voraussetzung dafür sind Bildung, Zeit und Geld, diese sind hier sicher nicht vorhanden. Dieter meint, das würde wohl allgemein gelten und das durch alle Zeiten.

Außer den Widrigkeiten der Wege hatte die kleine Karawane auch etliche Wasserläufe zu queren. Da im September allgemein nicht allzu viel Wasser in den Bächen floss, waren diese Querungen kein Problem. Der Beifahrer stieg aus, gab dem Fahrer Zeichen für seinen Kurs und das entsprechende Verhalten.

Während der Fahrt waren Gespräche wegen gespannter Aufmerksamkeit und unruhigem Gepolter schwer möglich. Aber während der Muße am Abend wurde der Gesprächsfaden wieder aufgenommen.

Theo meinte, wenn man Sinn mit dem Erreichen eines Zieles gleichsetze, so käme man der Sache vielleicht näher. Das Erreichen eines Zieles würde Sinn machen. Um keine Leere entstehen zu lassen, müsste der Mensch sich immer neue Ziele setzen. Dies könne man bei Unternehmern beobachten, die sich mit einem Gewerbe am Markt behaupten müssten.

Alle Teilnehmer waren aber abhängig beschäftigt. Der eine Arzt meinte daraufhin, dass auch kleine Ziele Sinn machen würden. Die hätte jeder in seinem Beruf und auf jeder Ebene. Also besteht der Sinn des Lebens aus kleinen Erfolgen in jeder Hinsicht. Es ist kein vorher bestimmter Sinn erforderlich, von wem auch immer. Dafür braucht es keinen göttlichen Plan.

Dieter gab aber zu bedenken, dass damit aber nicht beantwortet ist, warum wir Menschen überhaupt hier sind, welcher Sinn ist damit verbunden? Diese Frage löste Schweigen aus, darauf wusste keiner eine Antwort. Theo meinte, darauf gäbe es keine Antwort, weder von der Wissenschaft noch von Religionen. Wir müssten uns mit kleinen Erfolgen begnügen und die Sinnsuche auf uns selber und im Kleinen beschränken. Den großen Entwurf könne es nicht geben, weil es ihn einfach nicht gibt.

Eines Abends vereinbarten sie, nicht zu diskutieren, sondern zu meditieren. Dies wäre ein sehr wichtiger Bestandteil in Buddhas Lehre. In der Meditations-Entrücktheit wäre der Siddhartha Gautama zum Buddha geworden und hätte den Zustand der Erleuchtung erfahren.

Sie setzten sich im Kreis und versuchten den typischen Sitz Buddhas. Obwohl es nur dem Leuchtturm gelang, den sogenannten Schneidersitz auszuführen, an einen Lotossitz war gar nicht zu denken, versuchten sie die Versenkung zu üben.

Nachdem sie so eine Weile schweigend gesessen hatten, kam Theo spontan zu einer Erkenntnis. Dies könnte man auch Erleuchtung nennen, aber soweit wollte Theo nicht gehen.

„Das Wesentliche an allen philosophisch/religiösen Lehren sind doch die Teile, die den Menschen besser machen sollen. Das ist z. B. bei Siddhartha in dem **Edlen Achtfachen Pfad** *niedergelegt, im Christentum in den* **Zehn Geboten.**

Alle Bezüge auf Gott, auf Himmel, auf ‚sitzet zur rechten Gottes‘, auf ‚in alle Ewigkeit‘, auf Nirwana usw. sind Hilfskonstruktionen, um das Lehrgebäude zu vervollständigen und den Menschen aus dem Dilemma zu helfen, das der Tod zwangsweise mit sich bringt.

Man könnte auch sagen, es ist ein Eingeständnis an die eigene Hilflosigkeit, die an Grenzen der menschlichen Erkenntnisfähigkeit auf philosophischem Gebiet stößt. Es ist ein Rettungsanker, der von fast allen Menschen benötigt wird. Dies insbesondere beim Sterben, als Sterbehilfe sozusagen. Da sind Religionen vielen Menschen Trost und Beruhigung zugleich.“

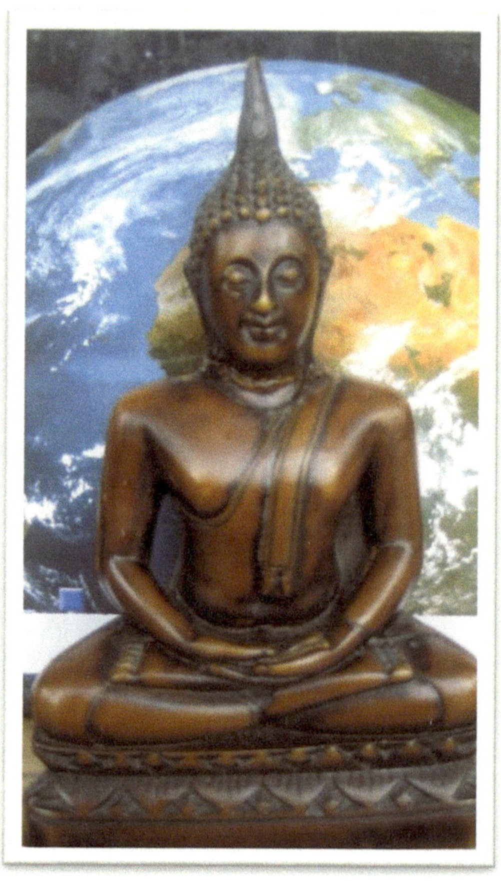

Meditierender Buddha

Nachdem Theo seine Überlegungen vorgetragen hatte, herrschte tiefes Schweigen. Es war schwer zu erkennen, was den Einzelnen gerade bewegte.

Nach einer Weile konnte Theo aus dem Gemurmel heraushören, das nach einer vorsichtigen Zustimmung klang. Jedenfalls konnten keine Argumente vorgebracht werden, die vollständige Ablehnung zum Ausdruck brachte. So religiös war keiner der Anwesenden, dass er die von einem „Gott inspirierten Aussagen" für sein Leben als bedeutungsvoll angesehen hätte.

In Anbetracht der großartigen Landschaft lenkte Dieter das Gespräch weg von Religion und Philosophie auf Tibet und seine geschichtliche Bedeutung.

Hier wurde im 14. Jahrhundert Weltgeschichte geschrieben. Jeder kenne doch Namen wie Dschingis Khan, Kublai Khan und Timur Lenk (Tamerlan), brutale Eroberer, die aus der Steppe Asiens kamen und alles niedermachten, was sich ihnen in den Weg stellte.

Das Reich des Dschingis Khan war das größte jemals von einem Volk eroberte Gebiet. Es reichte bis an die Gebirgskette des Himalaya heran. Also fuhr die Gruppe an dem südlichen Rand seines ehemaligen Herrschaftsgebietes entlang.

Theo machte es sich zur Gewohnheit, bei Zusammenkünften selbst verfasste Gedichte vorzutragen. So hatte er auch bei dieser Unternehmung einige passende Gedichte im Gepäck. Etliche hatte er schon vorgetragen. Das zu diesem Gespräch passende über den Eroberer Dschingis Khan, das er vor langer Zeit geschrieben hatte, trug er eines Abends vor.

Zuvor sprachen sie noch über Herrscher-Figuren, die aus kleinen Strukturen große Reiche schufen. Das Prinzip war immer das gleiche. Als erster also Dschingis Khan. Er einte die mongolischen Stämme durch Diplomatie und Gewalt und stellte ein schlagkräftiges Heer auf. Seine Stärken waren schnelle Pferde und die Verwendung von Sätteln. Dadurch waren die Kämpfer in der Lage, den Oberkörper während des Reitens zu drehen und aus dieser Position zu schießen. Diese Taktik verschaffte ihnen eine deutliche Überlegenheit gegenüber anderen Völkern.

Dann der unbändige Wille zum Sieg und die alles vernichtende Grausamkeit. Das hatte er gemeinsam mit Karl dem Großen und Alexander, ebenfalls der Große und Qin Shihuangdi. Das sind Beispiele, in dem ein Einzelner jeweils ein großes Reich unter seine Herrschaft zwang. In den meisten Fällen zerfiel das Reich bereits kurz nach des Herrschers Tod.

Dschingis Khan

Auf schnellen Hufen
dem Steppenwind gleich,
reiten sie westwärts
ins feindliche Reich.
Getrieben vom mächtigen König
geeint von eiserner Hand,
machten sie alles nieder
im feindlichen Land.
Nichts konnte sie halten
nicht Burgen noch feste Gestade,
Dschingis brachte Tod und Verderben
und abends die großen Gelage.
So schnell sie gekommen
verschwanden sie auch,
die blutige Spur ihres Weges
war gezeichnet von Trümmer und Rauch.
Nichts ist geblieben
von der einst mächtigen Schar,
sie kannten nur Kriege
die Mütter nur Krieger gebar.
Ihre einstige Heimstatt verlassen,
vom Winde verweht,
liegt nun vergessen
im Staub und vergeht.

Kurz vor dem Grenzübergang von Tibet nach Nepal kam es noch einmal ganz dick für alle Beteiligten. Ein Bergrutsch riesigen Ausmaßes verhinderte ein unmittelbares Weiterkommen. Ein halber Wald war abgerutscht und verlegte den „Weg" um einige 100 Meter.

Nun wurde das Gepäck vor der Verschüttung vom LKW abgeladen und auf der anderen Seite wieder aufgeladen. Diese Arbeit besorgten einheimische Trägerkolonnen, die sich an der Unglücksstelle bereits eingefunden hatten. Sicher hatten sie kein Interesse, den Weg wieder gangbar zu machen, sondern lieber willkommene Einnahmen durch Hilfestellung zu verbuchen. Vielleicht tat man ihnen auch Unrecht, denn mit der Schippe waren diese Erdmassen durch eigene Kräfte nicht zu bewältigen.

Der Führer sammelte bei seinen Gästen etwas Geld ein, um die Hilfskräfte zu entlohnen.

Mit Pferd und Wagen sowie einem Traktor machten sich die Dorfbewohner an die Arbeit. Es dauerte mehrere Stunden, bevor an ein Weiterkommen zu denken war.

Die Fahrzeuge konnten sich nur mit Mühe durch die Sand- und Schlammmassen durchkämpfen. Der erforderliche Umweg musste zwangsweise in Kauf genommen werden.

In Kathmandu angekommen waren alle darauf bedacht, den „alten Adam" wieder auf Vordermann zu bringen. Das war nach einer Woche Camping auch bitter nötig. Und wieder in einem richtigen Bett zu schlafen. Da bei einigen noch ein paar Dollar übrig geblieben waren, wurden noch Souvenirs erworben. Auch Dieter kam noch zu seiner Shiva-Figur.

Der Abend führte die Gruppe noch mal zu einem letzten Resümee zusammen.

Die Frage war doch, ist das Einschleichen in eine fremde religiös/philosophische Vorstellung sinnvoll oder überhaupt möglich? Theo meinte, das wäre in Kürze nicht möglich. Der Mensch westlicher Prägung würde immer alles hinterfragen, was der Annäherung an fremde Vorstellungen im Wege stehen würde. Er steht außerhalb dieser Vorstellungen, er ist kein Teil dieser Kultur. Deshalb ist er in vielen Situationen ratlos und die Kailash-Umrundung kann daran auch nichts ändern. Dieter meinte, der erhoffte Kick, also der spirituelle Nachhall, wäre, wenn er ehrlich sein soll, bei ihm ausgeblieben. Das Leben muss für den Einzelnen wertvoll sei, das ist sein Sinn. Wenn dann noch die moralischen Grundwerte beachtet werden, würde er mit sich im Reinen sein.

Der Arzt wiederholte noch einmal seinen Standpunkt: „Offensichtlich sind wir sterbliche Geschöpfe, deren Dasein mit dem Tod endet. Die Auffassung, das Leben kann nicht sinnlos sein, also gibt es ein Leben nach dem Tod, führt zu einem Versprechen einer künftigen Utopie und ist unbefriedigend. Ein Weiterleben unseres Selbst nach diesem Dasein scheint es nicht zu geben."

Theo pflichtete dem bei: Einen Sinn des Daseins im Leben nach dem Tod zu finden, ist vergeblich. Ein ewiges Leben könnte sich als das sinnloseste von Allem entpuppen. Der Sinn des Lebens liegt einfach darin, ein erfülltes Leben zu führen und das müsse jeder selbst definieren.

Und wenn man noch die Kant'sche Maxime beachtet:

„Ich sollte niemals anders verfahren als so, dass ich auch wolle, dass meine Maxime ein allgemeines Gesetz wird ...",

dann genüge ich auch den moralischen Anforderungen.

Der Buddhismus wäre schon eine Alternative zu anderen Lehren, wenn man die Konstruktion der Karmischen Kräfte mit der Inkarnationsvorstellung ins Reich der Spekulation verweist.

Der eine Arzt meinte, alle Religionen haben doch einen spekulativen Teil in ihren Lehren. Nimmt man diesen weg, so kommt man zu der Erkenntnis, dass das Dasein womöglich keinen Sinn hat, damit müssten wir leben. Die Wahrscheinlichkeit, diese Rätsel zu lösen, ist wohl ausgesprochen gering.

Das Universum ist einfach da. Wo sollte ein Gott sein, außerhalb oder ist er Teil der Natur, wie es Goethe sich vorstellte.

Buddha sagt:
„Der Weg zur Erkenntnis ist die Befreiung des Geistes,
Öffnen des Geistes und Loslassen des Egos."

Dadurch erkenne ich, wie unwichtig das „ich" ist.

„Ja, ja", seufzte Dieter, „viele haben vieles schon gedacht und immer ist noch kein Ende abzusehen. Halten wir uns doch an Descartes:

„Ich denke, also bin ich".

Der Leuchtturm meinte dazu, man müsste diesen Satz erst einmal interpretieren.

„Gut", meinte Theo, dazu könne er etwas sagen. „Unser Deutschlehrer, der neu auf dem Gymnasium angestellt war, kam eines Tages in die Klasse gestürmt, lief unruhig auf und ab, blieb dann abrupt stehen und stellte die für die Schüler verblüffende Frage: Was ist denken?

Alle Schüler dachten angestrengt darüber nach, was sie gerade taten. Es kamen die abenteuerlichsten Formulierungen zustande, aber keine prägnante Aussage. Nach einer halben Stunde erlöste der Lehrer die Schüler und gab eine verkürzte Formulierung der Kant'schen Erklärung wieder. Er sagte:

Denken ist die Fähigkeit, Schlüsse zu ziehen."

Dieter darauf: „Schlüsse ziehen heißt ja wohl, Handlungen und Ereignisse interpretieren und bewerten. Wenn ich das getan habe, **_bin ich_**, also ich finde mich im Leben zurecht. Ich benötige dann niemanden, der mir eine Erklärung abgeben muss".

„Ganz richtig", meinte Theo, „Spekulationen sind dann überflüssig. Und wenn ich nicht mehr denke, bin ich tot. Das führt uns vor Augen und macht klar, dass das Leben irgendwann zu Ende sein wird."

So flatterte das Gespräch hin und her und kehrte dann wieder zum Kailash zurück. Die Umrundung war schon ein Erlebnis und führte den einen und den anderen an seine physische Grenze. Heutzutage ist das Trend: immer höher, tiefer, schneller, weiter usw. Viele loten ihre Möglichkeiten bis zum Äußersten aus und verlieren dabei häufig ihr Leben. Und diese Art zu leben finden sie sinnvoll, dabei stellen sie sicher keine hochgestochenen Sinn-Überlegungen an.

Theo stellte für sich abschließend fest, dass seine Erwartungen an die fernöstliche Philosophie/Religion nicht erfüllt werden konnten und sich wohl als eine **_große Illusion_** herausgestellt hatten. Der europäische Mensch denkt und fühlt anders als die asiatischen Menschen. Das liegt sicher auch an den noch z.T. herrschenden archaischen Lebensvorstellungen und -bedingungen. Das würde er aber nicht abwertend verstehen, im Gegenteil.

„Die Grundideen des Buddhismus finde ich positiv", stellte Dieter abschließend fest und dem konnten die anderen nicht widersprechen. Die **_Acht Edlen Wahrheiten_** sind eine sehr gute Grundlage für das Zusammenleben der Menschen. Dass diese in asiatischen Ländern auch befolgt werden und der Reisende sich hier sicher fühlen kann und keinen Unfreundlichkeiten ausgesetzt ist, davon war insbesondere Dieter des Lobes voll.

Man kann allerdings beobachten, dass auch in Asien die Verstädterung rasant zunimmt und die Lebensformen sich verändern werden.

Alle stellten noch erleichtert nachträglich fest, außer geringem Materialschaden des Unternehmers sind alle wohlbehalten aus dem Unternehmen herausgekommen. Die Götter, die auf dem Kailash sitzen und Marihuana rauchen, haben es mit ihnen gut gemeint.

Als sie wieder im Flieger saßen, freuten sie sich auf die Heimreise und auf ihre gewohnte Umgebung.

Der Tag in Bangkok ging auch vorüber. Zum Glück. Die Älteren vertragen die Hitze nicht mehr so gut und blieben im Hotel. Die beiden Ärzte machten noch einen Bummel, kamen aber durchschwitzt und geschlaucht schon nach kurzer Zeit wieder ins Hotel zurück.

Sieben Stunden benötigte der Flieger bis Frankfurt, bei Rückenwind, wie der Flugkapitän per Lautsprecher durchgab.

Am Flughafen in Frankfurt verabschiedeten sich die beiden Ärzte von Dieter und Theo. Sie versicherten sich gegenseitig, dass sie zwar nicht alle Fragen des Lebens lösen konnten, aber doch durch die gemeinsame Unternehmung und die Ausführungen von Theo wertvolle Anregungen erhalten hätten. Die Reise wäre aber für alle ein Gewinn gewesen und würde zu weiteren Studien und Überlegungen anregen.

Bis zur Weiterfahrt hatten Theo und Dieter noch einige Stunden Zeit. Sie gingen in ein nahe gelegenes Kaffee und Dieter nahm den Gesprächsfaden wieder auf. Er meinte, die beiden Ärzte waren ja ganz gesellig und gut zu leiden, aber auf dem Gebiet Buddhismus eher eine Enttäuschung. In die Tiefe gehende Vorstellungen konnten sie nicht vermitteln.

Eines hätten sie noch gar nicht bedacht, dass in den Ländern, wo unsere heutigen Religionen entstanden sind, Rauschmittel seit langem bekannt und auch benutzt wurden und werden. So könne man die Wundertaten bekannter Propheten und Heiligen auch mit Trancezuständen erklären, in denen sich die Zeugen befanden. Rauschmittel sind so alt wie die Menschheit und bei allen alten Völkern bekannt. Diese wurden von Priestern und Schamanen bei religiösen Zeremonien verwendet. Vielfach wurden diese Mittel auch als Räucherware bei Zusammenkünften verqualmt, um die erforderliche Stimmung bei den Gläubigen zu erzeugen. In katholischen Gottesdiensten werden in Erinnerung an diese Gebräuche noch heute Weihrauch und Myrrhe verqualmt.

Die Tanzenden Derwische haben sich durch stundenlanges Drehen um die eigene Achse in einen Rausch ähnlichen Zustand gebracht und fühlten sich so ihrem Gott näher. Sicher haben sie zur Einstimmung auch Opiate verwendet.

Theo hat mit Dieter in den 1980er Jahren eine abenteuerliche Türkeireise unternommen und ist zufällig im türkischen Afyon gelandet. Die Gegend um Afyon ist auch heute noch eines der weltgrößten Anbaugebiete für Schlafmohn. Die Stadt heißt mit vollständigem Namen *Schwarzes Opium-Schloss,* sicher auch wegen der Zitadelle hoch über der Stadt. Nach Konya, der Stadt der Tanzenden Derwische, ist es nicht weit.

Dieter meinte, eine ähnliche Wirkung könne auch das stundenlange Sitzen und Meditieren der Yogis und der heiligen Männer in Indien und Nepal gehabt haben. Die Blutzirkulation wird so behindert und das Gehirn erhält weniger Blut, was ebenfalls zu Halluzinationen führen kann. So gibt es tausend Tricks, um die menschliche Wahrnehmungskraft zu manipulieren und zu beeinflussen.

Buddha soll tagelang unter dem Bodhi-Baum gesessen und meditiert haben, bis er die Erleuchtung erlangt hatte. Dabei hat er sich vermutlich mit der ständigen Wiederholung von Sinnsprüchen in einen Trancezustand versetzt, der klares Denken ausschaltete. Diesen Zustand konnte er wohl beliebig oft wiederholen, da er danach noch lange lebte und wie ein Bodhisattva anderen Sinnsuchenden seine Lehre verkünden konnte.

Absonderliche Eremiten, die ganz verrückte Sachen machten, hat es in der Frühzeit des Christentums einige gegeben. Theo hatte auf einer Reise nach Syrien u.a. die Ruine St. Symeons besucht, die sich in der Nähe von Aleppo befindet. Hier lebte Symeon der Stylit auf einer zuletzt 20 m hohen Säule. Sein Geburtsort lag in Kilikien, in der heutigen Türkei. Er lebte meist stehend, kaum schlafend und nahm nur einmal in der Woche Nahrung zu sich und war damit der erste Säulenheilige der Geschichte. Sicher hat er Opium geraucht, sonst hätte er wohl dieses Leben nicht so viele Jahre, bis zu seinem Lebensende, ertragen.

Um solche Gestalten ranken sich abenteuerliche Erzählungen. So soll sich Symeon zeitweise eingemauert haben. Diese Eremiten wollten noch stärker leiden als Jesus am Kreuz gelitten hat.

Symeon produzierte infolge geringer Flüssigkeitszufuhr in gewissem Abstand als Abfall Hasenköttel ähnlichen Kot. Diese sammelten ebenso abartige frömmelnde Pilger auf und trugen sie als heilige Reliquien von dannen.

Ganz im Gegensatz dazu hatte Buddha, der das Leiden der Menschen durch seine Lehre überwinden wollte, eine positive Grundhaltung. Am Ende steht das Nirwana, ein Zustand des völligen Verlöschens, des ewigen Friedens. Es erfolgt keine Einteilung in Himmel und Hölle, kein Strafgericht erwartet den Menschen am Ende des Lebens. Natürlich ist der Zustand der Erleuchtung nicht einfach zu erreichen. Am Ende steht das ständige Bemühen um ein gutes Karma und das ist doch der positive Gedanke des Buddha.

Theo war auch der Ansicht, dass das Christentum eher eine düstere, eine sonnenabgewandte Lehre ist. Der Gekreuzigte als Symbol soll Schuldgefühle bei den Gläubigen wecken, ihn gefügig machen und demütig einstimmen. Schon beim Betreten einer christlichen Kirche geht der Gläubige auf die Figur des Gekreuzigten zu, ein düsteres, deprimierendes Bild.

Die Reise ins Land des Buddha war eine positive Erfahrung, das war die einhellige Meinung beider Freunde. Auf jeden Fall hat sie den eigenen Horizont erweitert und eine andere Sichtweise des Essenziellen einer Anschauung bewirkt.

Mit dieser Erkenntnis stiegen sie in den ICE und fuhren ihrem Heimatort entgegen.

Die klassische Musik, Sternstunde der Menschheit und Ersatz für Meditation?

Die Gruppe traf sich nach einiger Zeit in Köln, um Nachlese zu halten und Fotos auszutauschen. Hinzu kam Wolfgang, ebenfalls Arzt von Beruf.

Es zeigte sich, dass die Ärzte über mehr Talente verfügten, als Dieter und Theo vermuteten. Sie hatten sich bereits vor Jahren zu einem Trio zusammengefunden und musizierten regelmäßig miteinander. Während der Kailash-Expedition weilte Wolfgang, der Dritte in der Ärzte-Gruppe, für längere Zeit in den USA und konnte deshalb nicht teilnehmen. Dieter und Theo waren zwar begeisterte Liebhaber der Klassischen Musik, aber Instrumente spielen konnten sie nicht.

So drehten sich die Gespräche vermehrt um die Einbeziehung der Musik in das philosophische System. Sie verstanden es als Ausgleich für die nur schwer erlernbare Meditation.

Da alles letzten Endes in der Natur auf Schwingungen hinausläuft, liegt es nahe, die den Menschen zugänglichen Möglichkeiten für das philosophische System zu nutzen. Natürlich diese in der höchsten Vollendung, die die Menschheit sich erschlossen hat.

Damit könnte sich die Musik in das philosophische System einfügen lassen.

Für Theo ergab sich das fast zwangsläufig, weil er nicht in der Lage war, die Meditation in Buddhas Sinn durchzuführen. Er war er nicht in der Lage an nichts zu denken, nicht einmal eine kurze Zeit. Dann hörte er nur das Rauschen seines Blutes, was die meditative Ruhe störte. Es muss aber möglich sein. Er dachte dabei an die völlig entrückt sitzenden und alles um sich herum vergessenden Yogis am Bagmati-Fluss. Dabei zeigt sich wieder die unterschiedliche Denkweise der Europäer, allgemein der westlichen Welt und der fernöstlichen Denk- und Lebensweise. Sie scheinen nicht miteinander vereinbar zu sein. Aber ist das notwendig? Buddhas Lehre verliert doch nicht ihre Anziehungskraft, nur weil dieser Teil der Bemühungen nicht möglich ist.

„Die klassische Musik könnte diese Lücke schließen", nahm Theo diesen Gesprächsfaden auf. „Sie müsste verstärkt in Schulen bekannt gemacht werden, um eine allgemeine Verbreitung und Akzeptanz zu gewinnen".

„Ich glaube", nahm Wolfgang diese Idee auf, „dass durch die klassische Musik die Menschen friedfertiger werden und so die Ausgeglichenheit und Gleichmut der Buddhisten erreichen könnten".

Der westliche gebildete Mensch könnte mit klassischer Musik meditieren, eine der schönsten Errungenschaften der Menschheit.

Die menschliche Entwicklung war und ist von Tönen geprägt. Und immer spielt die menschliche Stimme dabei die Hauptrolle, bevor Instrumente mit einbezogen wurden. Nur der europäische Kulturkreis entwickelte die Musik zur höchsten Blüte, weil die hier entstehende Industrialisierung die Weiterentwicklung des Instrumentenbaues beförderte und die Aufklärung die Gesellschaftsstrukturen langsam veränderten. Dieser Standard wird mittlerweile von den meisten Völkern verwendet und bringt weltweit hervorragende Interpreten hervor.

Wer hätte bis vor wenigen Jahren daran gedacht, dass die Chinesen mit ihrer in Jahrhunderten gewachsenen Musikauffassung sich der europäischen Musik so weit nähern, dass sie mehr hervorragende Pianisten, mit Lang Lang an der Spitze, hervorbringen als die Europäer selbst. Das gleiche gilt für die Japaner, die Weltklassegeiger nach Europa schicken. Diese genannten Völker sind in ihrer Grundhaltung Buddhisten.

Nur der Muslimische Kulturkreis lehnt in Teilen ihrer extremen Vertreter Musik überhaupt ab. Sie ist „haram", also verboten. In dieser Hinsicht gibt es nur schwer eine Annäherung dieser beiden Kulturen.

Die Musik hielt in den meisten Fällen in den religiösen Riten Einzug. Das kann man bei allen Völkern beobachten, egal, wo sie gerade leben. In den Anfängen vermischen sich Kriegstänze mit rhythmischer Begleitung und später die Huldigungsgesänge an die Götter. Der Buddhismus hat im Hinblick auf Musikverwendung Phasen der Ablehnung (durch Siddhartha selbst) und späterer Liberalisierung eine Entwicklung durchlaufen.

Im Übrigen haben alle alten Völker Geräusche gemacht, mit der eigenen Stimme oder mit Blas- und Zupfinstrumenten.

Einzigartig war die Musikentwicklung in Europa. Erst hier, im Mittelalter, wurden die Grundlagen zum heutigen Musikschaffen gelegt.

Von den uneinheitlichen Anfängen entwickelten sich unter Papst Gregor die nach ihm benannten Gregorianischen Gesänge, die von den Mönchen verwendet wurden.

Der Arzt Wolfgang konnte die Entwicklung der europäischen Musik sehr anschaulich darstellen. Dass die Anfänge durch kirchliche Riten entscheidend mit geprägt wurden, lag an den Machtverhältnissen im Mittelalter. So hatte Mozart in seinen Anfängen, Mitte des 18. Jahrhunderts, nur durch kirchlichen Dienst die Möglichkeit des Broterwerbs. Erst später konnte er sich von den unwürdigen Fesseln, die der herrschende Klerus ihm auferlegte, befreien und ein eigenständiges Leben als Komponist führen. In dieser Zeit entstanden so herrliche Werke wie z. B. die Motette „Ave verum korpus", KV 618, eines seiner letzten Werke.

„Überirdisch" ergänzte Theo, „sie ist himmlisch, um das Außergewöhnliche zu beschreiben. Diese Motette könnte mein Grabgesang werden. Ich stelle mir vor wie die Trauergäste, falls welche kommen, beim Hören dieses Chores verstummen und die Welt um sich herum vergessen."

„Diese Motette drückt aus, was man nicht in Worten fassen kann, wunderschön, wie fast alles von Mozart", meint Dieter. „Vielleicht hat Mozart seine Harmonien tatsächlich aus dem Weltall erhalten, er hatte schließlich das absolute Gehör und Fähigkeiten, die der Normalsterbliche eben nicht hatte. Die Welt ist voller elektromagnetischer Wellen mit den unterschiedlichsten Frequenzen, die er vielleicht in akustische umwandeln und hören konnte. Physiker hören gegenwärtig in das Weltall hinein und wandeln diese Wellen in hörbare akustische Wellen um, wie z. B. beim Rundfunk. Mehr als Rauschen und Pfeifen konnten sie bisher nicht herausfiltern, aber das Weltall ist riesengroß und birgt noch viele Überraschungen."

„Ohne die klassische Musik kann ich nicht leben", nahm Theo den Gesprächsfaden wieder auf, „das Gemüt verlangt Besinnlichkeit und ruhige Entspannung, nach einem Ritual, den bei vielen die Religionen bietet. Mein Ritual ist der Gang in den Konzertsaal, hier kann ich den Alltag ablegen und mich für eine Weile in der Welt der höchsten Harmonien verlieren. Das kann auch Meditation sein", gab sich Theo überzeugend.

„Da kommen sofort die Erinnerungen an meine Studentenzeit hoch. Als nicht gerade betuchter Student waren die Besuche der Konzerte im barocken Opernhaus mit meinem Freund Herbert immer wieder Höhepunkte des Jahres. Auch die sonntäglichen Matinee-Veranstaltungen haben wir gerne besucht".

Die Ärzte waren der Auffassung, dass die klassische Musik im Zusammenhang mit Meditation nicht als Gegensatz, sondern als Einheit betrachtet werden kann. Auch unter diesem Gesichtspunkt kann der Zustand der Versenkung erreicht werden. Diese Musik vermittelt die höchsten Harmonien, die aus Tönen hervorgebracht werden können. Sie sind von ewiger Schönheit und der Meditation des Nichts hoch überlegen.

Ein buddhistischer Lehrer wurde einmal gefragt, was er während der Meditation denken würde. Er antwortete, er bemühe sich, an **nichts** zu denken. Die Gedanken auszuschalten wäre gerade der Sinn der Meditation.

„Kann man, wie Siddhartha, Tage, ja sogar Wochen den Zustand des Nicht-Denkens aufrechterhalten, ohne den Verstand zu verlieren oder trübsinnig zu werden?", wollte Dieter wissen.

Alle waren der Meinung, dass keiner von ihnen das fertigbringen würde.

„Aber Indische Yogis können das, wir haben sie doch an den Ghates gesehen, wie sie unbeweglich, mit Asche bestreut, ohne von den westlichen Besuchern Notiz zu nehmen, in stoischer Ruhe ihren Ritus lebten", wandte Theo ein.

„Das braucht heute kein Mensch mehr, es sei denn, er zieht sich in die Einsiedelei zurück", meinte Dieter.

Theo wurde ganz still. Alle sahen, dass ihn etwas beschäftigte. Die Studentenzeit tauchte unvermittelt vor seinem geistigen Auge auf.

Wie lange ist das nun schon her, 50 Jahre Abi feiern sie im nächsten Jahr. Wehmütige Erinnerungen an die Jugendzeit, die bekanntlich nicht wieder kommt, überkamen ihn.

Spontan fing er an zu singen:

> *„Schön ist die Jugendzeit bei frohen Zeiten,*
> *schön ist die Jugend sie kommt nicht mehr,*
> *bald wirst du müde durchs Leben schreiten,*
> *um dich wird's einsam sein, im Herzen leer.*
> *Drum sag ich's noch einmal,*
> *schön ist die Jugendzeit*
> *sie kommt nie mehr!*

Die Diskussionsrunde traf sich später nur noch sporadisch. Sie hatten auch alle Themen angesprochen, die sich durch die Reise ins Buddha-Land ergaben. Weltliche Angelegenheiten gewannen wieder die Oberhand. Der Alltag hatte sie wieder, die Arbeit nahm sie in Beschlag und schob die philosophisch/religiösen Themen in den Hintergrund.

Auch Sokrates war gezwungen, sich mit den Widrigkeiten des Lebens herumzuschlagen und sich mit seinen Mitmenschen auseinanderzusetzen.

Abschied und Versuch einer Neuorientierung

Theo musste sich eingestehen, dass ihm alle seine Bemühungen um Ursprung, Wahrheit, Erkenntnis und Erleuchtung nicht den gewünschten Erfolg gebracht haben.

Es gelang ihm einfach nicht, sich in eine spirituelle Stimmung zu bringen. Außerdem: was ist eine spirituelle Stimmung, die durch Meditation erreichbar sein soll? Ist Meditation nur die Ausschaltung der eigenen Gedanken und Ersetzen durch religiös/philosophische Gedanken? Ein buddhistischer Guru sagte einmal: bei der Meditation denke ich an nichts. Welche Bedeutung hat dann solches Tun?

Muss man in eine solche Stimmung hineingeboren werden, um, ohne selbst zu entscheiden, dem Trott der Masse zu folgen? Das ist wohl der übliche Werdegang eines Nicht-Fragenden.

Dazu wollte Theo nicht gehören. Es ist ihm lieber, der ewig Fragende zu sein, da weiß er sich in guter Gesellschaft.

Aber Religionen wird er nicht mehr befragen, aber ganz ignorieren natürlich auch nicht.

Die „Alten" haben so manche Vermutung ausgesprochen, deren konkrete Beantwortung erst in neuerer Zeit gelungen ist. Die Bedeutendsten *Alten* (Philosophen) hat sicher Griechenland hervorgebracht.

Hier ist z. B. Heraklit zu nennen, mit seinem Postulat „Alles fließt", d. h. alles verändert sich, man kann nicht zweimal in denselben Fluss steigen.

Dann Demokrit mit seiner Atomtheorie: Alles besteht aus kleinsten Teilen, den Atomen und diese sind nicht teilbar.

Auch im Hinduismus steckt philosophische Weisheit, was sich auf den ersten Blick nicht sofort erschließt. So wird Shiva das Prinzip der Zerstörung zugeschrieben, aber außerhalb der Dreiheit: Vishnu, Shiva und Brahma; auch der Neubeginn, die Schöpfung. Hier herrscht wie bei Heraklit das Prinzip vom Wandel. Erst wenn das Alte zerstört ist, kann Neues entstehen.

Diese Auffassung ist ganz modern.

Die Physiker und Kosmologen können heute nachweisen, dass Sterne nur eine begrenzte, wenn auch sehr lange Zeit bestehen und dann in unterschiedlicher Weise vergehen bzw. explodieren. Aus der „Asche" entstehen außer schweren Elementen Material für neue Sterne bzw. Planeten. Alles fließt!

Das Entstehen und Vergehen auf allen Gebieten der Natur, zu dem auch der Mensch gehört, ist die Grundmelodie allen Daseins.

Jede Zeit hat ihre Fragen, die oft erst viel später beantwortet werden können. So haben auch wir unsere Fragen, deren Antworten erst von unseren Nachkommen beantwortet werden.

Dieter, der sich in diese Überlegungen einbrachte, meinte: Er hätte noch einige Anliegen zu seinen Lebzeiten, die er noch gerne geklärt hätte.

1. Gibt es noch weiteres entwickeltes Leben in unserem Sinne auf einem erdähnlichen Planeten, könnte man dorthin Verbindung aufnehmen. Oder noch einfacher, kann in naher Zukunft geklärt werden, ob es organisches Leben, in welcher Form auch immer, auf anderen Planeten gibt?

2. Sollte das der Fall sein, wäre die These unserer Einzigartigkeit hinfällig und die Religionen hätten Probleme. Dann wäre entwickeltes Leben nicht mehr außerordentlich, sondern eine Entwicklung, die überall in den Weiten des Universums stattfinden kann.

„Auch ich hätte diese Fragen gerne geklärt", fügte Theo hinzu. „Mich würde zusätzlich noch umtreiben:

3. Welcher Mechanismus ist verantwortlich für die Gravitation? Wir kennen sie schon lange seit Isaac Newton. Man kann sie messen und ihre Auswirkungen berechnen, aber wir kennen noch nicht den Mechanismus, der sie erzeugt und ob man sie abschirmen kann.

4. Was ist dunkle Materie und dunkle Energie.

5. Warum dehnt sich das Weltall aus."

„Ja, ja", seufzte Dieter, „diese Grundfragen und ihre Lösungen. Wir werden sie wohl mit ins Grab nehmen, die Fragen, wie so viele vor uns. Da bleibt nur der Traum, in 1000 Jahren einmal nachzuschauen, welche Lösungen die Menschheit dafür gefunden hat, falls es sie noch geben sollte."

Theo bemerkte dazu: „Wir müssen uns wohl damit abfinden, dass wir als Individuum verschwinden wie wir gekommen sind. Unwiderruflich, das Alter wird uns dabei helfen, weil es weniger Freude am Leben durch Krankheiten und Verlust unserer Lebensbegleiter mit sich bringt. Uns bleibt in erster Linie die sichere Rückschau".

Dieter stimmte dem zu.

Unsere Zukunft liegt in der Vergangenheit, daraus schöpfen wir unsere Kraft und Motivation. Sie mag nicht immer zufriedenstellend gewesen sein, weil Fehler zum Menschsein gehören. Aber wir haben uns gefangen und größeren Schaden vermieden, das können wir mit gutem Gewissen sagen.

Jeder sucht schließlich nach persönlichem Glück, der sich daraus ergebende Egoismus ist nichts Verwerfliches.

Die Ärzte haben sich noch mal gemeldet. Sie würden sich jetzt verstärkt mit dem Buddhismus auseinandersetzen. Während der gemeinsamen Reise wären sie durch die neuen Eindrücke so abgelenkt, dass ein neuer Standpunkt nicht erreichbar wäre. Es müsste sich eben alles erst mal setzen, das Neue verarbeitet werden.

Obwohl sie glauben würden, dass der Buddhismus auch nur eine weitere Stufe der persönlichen Erkenntnis ist, nichts Endgültiges. Aber jeder Suchende macht diese Phasen durch, wobei durchaus ein Endgültiges nicht erreicht werden kann, damit muss man sich abfinden. Es wäre auch nicht tragisch, wenn das Ende offen bleiben würde. Viele Forscher würden auch das selbst gesteckte Ziel nicht erreichen. Einstein hat schließlich auch jahrelang um die einheitliche Weltformel gerungen, d. h. eine gemeinsame Formel zu entwickeln, die die Relativitätstheorie und die Welt der Elementarteilchen und die der Subatomaren gleichsam beschreiben kann. Er hat es nicht erreicht. Er hat sich in seiner Forschung festgefahren, konnte nur kausale Zusammenhänge akzeptieren, Wahrscheinlichkeiten lehnte er ab, **„Gott würfelt nicht"**.

Er sagte, er hätte weit mehr über die Quantenphysik als über die Relativitätstheorie nachgedacht, konnte aber nicht über seinen Schatten springen.

Man darf träumen, das Leben ist flüchtig, sehr flüchtig sogar. Die Hauptsache ist doch, man fühlt sich in seiner Welt wohl.

Einmal werden wir uns von dieser Welt verabschieden müssen, wie so viele vor uns.

Schon vor langer Zeit hat Theo sich damit beschäftigt und es in folgendes Gedicht gegossen:

Abschied

Im dunklen Tal der Seelenwelt
da find ich keine Ruh,
mein Blick schweift in die Nacht hinaus
ich kann dazu nichts tun.

Gefangen in dem eignen ich
das du nur schwach in mir,
verblasst, was wichtig war
ich kann doch nichts dafür.

Fern ist alles was ich liebe
ein Schimmer nur im dunklen Heim,
graue Schleier sind geblieben
ich kann nicht einmal traurig sein.

Erinnerungen flüchten in die Weite
dahin, dahin, dahin,
ich kann sie nicht mehr greifen
sie geben keinen Sinn.

So wird' ich von euch geh'n
am Ende in das Nichts,
ein letzter Gruß vielleicht
die Zeit wird meine Spur verweh'n.

In letzter Zeit beschäftigte sich Theo verstärkt mit der Frage:

Was ist grundsätzlich erkennbar bzw. nicht erkennbar?

Diese Diskussion wird von den Agnostikern geführt. Bereits im fünften vorchristlichen Jahrhundert erklärte Protagoras, ein Vorläufer der Sokratischen Philosophie: Er wisse nicht, ob es Götter gibt oder ob es sie nicht gibt. Damit sagt er, dass die Begrenztheit der menschlichen Erkenntnisfähigkeit einem Wissen in dieser Frage entgegensteht.

Diese Auffassung gilt heute genauso wie vor Tausenden von Jahren. Auch asiatische Philosophen haben sich ähnlich geäußert, z. B. Laotse u.a.

Diese Begrenztheit gilt auch heute noch. Ein Indiz dafür ist auch, dass der Klerus in jüngster Zeit einen Papst für heiliggesprochen hat, obwohl die erforderlichen Wunder nicht mehr verlangt werden. Sicher gab es keine glaubhaften Ereignisse, die als Wunder herhalten können, jedenfalls keine, die Spötter und Lästerer nicht entlarvt hätten.

Danach wollen Agnostiker nicht spekulieren und sich festlegen und bauen auf das Wissen. Glauben kommt für sie nicht in Frage.

Außerdem muss es nachprüfbares Wissen sein und nicht Nacherzählungen. Die kirchlichen Überlieferungen sind meist Nacherzählungen und entziehen sich deshalb der Kontrolle.

Agnostiker können auch Skeptiker genannt werden. Sie wollen Antworten auf ihre Fragen und Beweise.

Theo hat sich schon immer gewundert, dass Wissenschaftler religiös sein können, insbesondere Physiker. Das liegt vielleicht daran, dass diese Menschen sich auf dem höchsten Wissen ihrer Zeit befinden und an ihre Grenzen stoßen. Sie kapitulieren und füllen ihre Lücken mit Glaubensaspekten.

Was soll man machen, es ist unbefriedigend. Aber wie schon gesagt, die ganze Wahrheit ertrüge der Mensch nicht, es wäre sein Ende.

Deshalb ist es bekömmlicher, man sagt einfach: ich weiß es nicht, basta!!!!!!

Alle Gesprächspartner, die Theo in der folgenden Zeit in diese Diskussion mit einbezogen hatte, waren sich in einem klar:

Am Ende seines Lebens muss sich der Mensch für einen Standpunkt entscheiden bzw. eine Basis finden, mit der er mit sich im Reinen aus dem Leben scheiden kann. Zweifel führen sicher zu einem unschönen Ende.

Dieter brachte in die allgemeine Diskussion einen weiteren, interessanten Aspekt in die Runde ein.

Er stellte eines Abends seine Überlegungen zu einer möglichen Lösung des Problems vor. Wenn man einige Lehrmeinungen miteinander verbinden würde, entstünde vielleicht etwas Neues:

„In der Mitte des philosophischen Gebäudes müsste der Buddhismus stehen. Er repräsentiert das Streben nach einem guten Menschenbild mit seinen Hauptthesen und dem Achtfachen Pfad. Er lehrt den Weg zur vollkommenen Rechtschaffenheit und Weisheit ohne einen persönlichen Gott, zur universalen Erkenntnis ohne Offenbarung, zur Möglichkeit der Erlösung ohne Erlöser durch eigene Anstrengung. Er verpflichtet die Menschen, nichts zu unternehmen, was anderen schaden könnte. Hier ergibt sich kein Widerspruch zu den Thesen der Agnostikern: ‚Es ist nicht möglich, über die Existenz einer übergeordneten Macht eine Aussage zu treffen.‘

Diese hypothetische Macht wäre dann ein Lückenfüller für unser Nichtwissen, für unsere Fragen an die Natur, die uns umgibt, in der wir Menschen so unbedeutend klein sind.

Der Agnostizismus ließe sich mit dem Buddhismus verbinden.“

Um dem spirituellen Wesen der Menschen Rechnung zu tragen, könne man den Pantheismus hinzunehmen, der das Staunen und Verehren über die uns umgebene Natur vertritt. Das würde der Zerstörung unseres Planeten Erde Einhalt gebieten und das Ausbeuten der Natur abbremsen.

Das Christentum und der Islam kommen in diesen Überlegungen nicht vor. Sie können von ihrer inneren Konzeption nicht tolerant sein und haben dadurch in ihrer Geschichte schon hunderten Millionen Menschen den Tod gebracht. Sie haben versagt und versagen noch heute, weil sie dem Streben nach Gewinnmaximierung und der damit verbundenen Gier nicht Einhalt gebieten. Es sieht auch nicht danach aus, dass sie die Gier und die damit verbundenen Leiden (z. B. die menschenunwürdigen Arbeits- und Lebensbedingungen in Asien, in Entwicklungsländern und selbst in Europa) jemals energisch anprangern und überwinden könnten. Sie profitieren schließlich von diesem System. Die Christen haben durch Luther schon eine erste Korrektur vorgenommen, der Islam hat das noch nicht vermocht. Die Islamisten vertreten mit allen Mitteln, auch mit Terror und Krieg, die alten Ideale, wie sie vor 1500 Jahren vielleicht gegolten haben (und da waren sie schon archaisch und nach heutiger Sicht barbarisch). Bei ihnen gilt die Männerherrschaft in Form einer Diktatur, die Ausgrenzung der Frau und die Scharia, das alte Gesetz der Wüste. Man kann nur sagen, *beim Barte des Propheten,* die Zukunft bewahre uns vor dieser Entwicklung, sie führt zurück in die unrühmliche Vergangenheit.

Obwohl Luther einige Übelstände der Christlichen Religion beseitigen konnte, musste er wohl oder übel die älteste Monotheistische Religion, die zur Verfügung stand, nämlich die Geschichte des Judentums, als Basis mit einbeziehen. Dies schon deshalb, um ein geschlossenes religiöse Gebäude zu errichten und um einen Anfang der menschlichen Wesenheit darzulegen und einen Schöpfergott zu installieren.

Nun ist die jüdische Geschichte nicht frei von Gewalt. Da erhält ein Prophet z. B. die Anweisung von seinem Gott: „Du sollst die Bürger dieser Stadt erschlagen mit dem Schwert …" - christlich ist das nicht. (Oder doch? Eher entsprach es den Gewohnheiten der Zeit, also nicht dem, was man späteren Generationen unbedingt anempfehlen sollte!)

Genauso entlarvt sich der Islam in vielen seinen Suren als blutrünstig und kriegslüstern gegenüber Andersgläubigen. Und das sollen die Gläubigen auch praktizieren, was sie mit großem Engagement gegenwärtig tun.

Ihr Hass richtet sich nicht nur gegen Menschen anderer Religionen, sondern auch gegen die eigene, etwas abweichende Form. So tobt z. Z. der Kampf der Sunniten, der Araber, gegen die Schiiten. Sie schicken Selbstmordattentäter in diese Schlacht. Hierfür suchen sie sich vorwiegend die Unterprivilegierten, die ungebildeten, gescheiterten primitiven Existenzen aus.

Diese Menschen erhalten den Status von Märtyrern, ihnen werden die 72 Jungfrauen in Aussicht gestellt, falls sie im Kampf unterliegen. Im Jenseits, bei Allah, den sie mit *Allah-o Akbar* preisen, vermuten sie wohl einen ewigen Orgasmus und ewige Seligkeit.

Beide Religionsvorstellungen sind zu tolerantem Handeln nicht fähig, die archaische Auffassung **Auge um Auge** ist ihre Maxime

Die heiligen Schriften der drei monotheistischen Religionen Thora, Bibel und Koran, sind voller Widersprüche. Jeder der Gläubigen kann nach seinem Belieben aus den Texten gute und schlimme Taten rechtfertigen. Sie sind unkorreliert, d. h. inkohärent und inhomogen, mit anderen Worten sie sind zusammengewürfelt, kein geschlossenes System.

Wie kann man religiös/philosophische Systeme, deren Wirklichkeit Jahrtausende in der Vergangenheit liegen, den Menschen heute als letzte Wahrheiten anbieten.

Der Buddhismus mit seinen auf den Menschen bezogenen Empfehlungen und Handlungsanleitungen grenzt sich von diesen Ergüssen in wohltuender Weise ab. Er ist und bleibt zeitlos in seinen Aussagen, solange es Menschen gibt."

„Dieses Konzept, die Dreiheit von Buddhismus/Agnostizismus und Pantheismus zu einem philosophischen Gebäude vereint, können wir für den Rest unserer Tage verfolgen", meinte auch Theo Heiden anerkennend zu den Ausführungen von Dieter.

„Und dazu die klassische Musik natürlich, das sollten wir nicht vergessen", fügte Theo mit einer gewissen Hartnäckigkeit hinzu.

Diese Vereinigung werden wir anerkannten Philosophen überlassen, die ein geschlossenes Gebäude daraus machen könnten, wenn sie es wollen.

So hat sich die Expedition zum heiligen Berg Kailash doch gelohnt.

Sie hat uns die Weisheit der Asiaten nähergebracht, die Weisheit eines Buddha, die Weisheit eines Menschenfreundes.

Bisher erschienene Werke des Autors Udo Fischer:

Buchtitel:
Jugend zwischen den Zeiten: Der mühsame Weg aus dem Chaos

Verlag: tredition (8. Februar 2013)
ISBN-13: 978-3849502287   Taschenbuch: 128 Seiten

Der Autor schildert Erlebnisse des Jugendlichen Otto vor und nach dem
2. Weltkrieg. Behütet aufgewachsen vor dem Krieg in Stettin und Wolgast,
wurde er brutal in das Chaos des Krieges hineingezogen. Mit der Flucht
über verschiedene Stationen in Mecklenburg verbrachte er seine Jugend in
Wolgast. Kurz nach dem Krieg verstarben seine Mutter und Großmutter an
Unterernährung und Erschöpfung, so dass er mit seiner Schwester Helga
zunächst als Waise zurück blieb. Der Vater kehrte erst spät aus dem Krieg
heim. Das 20. Jahrhundert brachte es mit sich, dass Otto mehrere Gesell-
schaftssysteme kennen lernte. Aufgewachsen in der Weimarer Republik,
frühe Jugend in der Hitler-Diktatur, danach in der DDR der Versuch einer
sozialistischen Ordnung und schließlich wieder eine bürgerliche Demokra-
tie. Seine Leidenschaft für das Segeln mit seinem Freund Manfred führte
zu ersten Erfahrungen mit dem schönen Geschlecht.

Buchtitel:
Abenteuer Iran - Fahrt ins Ungewisse

Verlag: Wagner Verlag, Gelnhausen; Auflage: 1. (13. Juli 2011)
ISBN-13: 978-3862790678   Taschenbuch: 133 Seiten

Der Iran ist eines der interessantesten Reiseländer im Nahen Osten. Hier
verbindet sich eine großartige Vergangenheit mit atemberaubender Land-
schaftsvielfalt. Nützlich für den Reisenden sind einige Geschichtskennt-
nisse, die in diesem Buch zu den einzelnen Abschnitten in kurzem, aber
nicht belastendem Umfang vermittelt werden. Insbesondere will der Autor,
der das Land 1978 bereiste, zeigen, dass der Iran durch seine Geschichte

eine Brückenstellung zwischen Orient und Okzident innehat. Diese Stellung scheint gegenwärtig durch die radikale Islamisierung des Landes unterbrochen zu sein. Gerade die Unwägbarkeiten der von den Reisenden gewählten Form machten den Reiz dieses Unternehmens aus. Sie wurden überall, außer natürlich bei den Militärs, von der Bevölkerung überaus herzlich und entgegenkommend aufgenommen. Trotz der gelegentlichen Unannehmlichkeiten, die zum Teil selbst verschuldet waren, war es eine unvergessliche und faszinierende Reise.